明治の長崎発
「東洋日の出新聞」からみえる

からゆきさん

末央 佐希子

はじめに

「からゆきさん」について、数冊の本を読みアウトラインの知識は持ったが、それはうかがい知れぬ、しがらみの中での出来事であり、熊本県天草郡と長崎県南高来郡の娘たちの故郷復帰の実話だった。読後、とても複雑な思いにとらわれ、彼女たちの存在が、心の中で私を見つめているような感覚だった。

長崎市内の繁華街の近くに住むようになり、近くには長崎駅や長崎港、茂木《もぎ》港や土井首《どいのくび》の河口、遠くには島原の口之津《くちのつ》港などを訪れると、明治から大正にかけて、ここから多くのからゆきさんが、女衒《ぜげん》（女を遊女に売ることを業とした人）に連れられ、巡査の目をくぐって汽車に乗り込み門司港に向かったり、長崎港、茂木港、土井首の河口港や口之津港から、沖に停泊する外国の汽船や、石炭運搬汽船の船底に潜伏して、故郷から抜けて行った事実が思われ、悲しい思いで胸が痛んだ。それとともに、長崎に来て薄々感じていた思いが消えなかった。それは彼女たちのことはタブー視されているのではないかということだった。どうして百年以上も前の事件が、ここまでタブー視されるのだろうかと、頭の中で空回りするばかりで、からゆきさんの存在は心の片隅に張り付いていた。そのような私に、思わぬことからそのからゆきさんに出会う機会が訪れた。

それは長崎に住んで15年ほど経ったころ、無性に長崎に生きた女性のことが知りたくなり、それには明治期の新聞を閲覧するのがいいかもしれないと、旧長崎県立図書館を訪れたことからはじまった。

幸いなことに、1902年（明治35）1月に長崎市で創刊された「東洋日の出新聞」が保管されていて、1月・2月の号は欠落していたが、3月4日付から閲覧できるというので、何に出会えるのかと興味津々で、暇を見つけては、せっせと図書館に通い始めた。

ところがその時代の新聞記事には、いわゆる普通の女性は姿を見せず、当時頻発していたからゆきさんの誘拐密航事件の詳細や、発見された密航婦や女衒たちの氏名や年齢、在所も番地まで載せられ、娘を持つ親への警告が繰り返し掲載されていた。それ以外の女性については、有名な遊廓がある長崎らしく、遊廓の売れっ子の芸者の消息が書かれ、読者の関心をひいているようだった。

からゆきさんとの思いがけない記事での出会いに面食らいながらも、彼女たちに惹きつけられ、とうとう閲覧可能な1902年（明治35）3月から1924年（大正13）12月まで23年半もの間の記事を見ることとなった。当時私は仕事を抱えていたので、なかなか進まない時もあったが、なんとか読み終えることができた。考えてみれば出会うべくしてのことだったたと思う。

からゆきさんの中には、13歳の少女も混じっていたが、ほとんどが15歳から20歳の娘だった。彼女たちは海外に連れ出され、訳も分からぬまま借金を負わされ、シベリア、中国大陸、東南アジアなどに撒き置かれ、日清、日露戦争や、その後のロシアとの紛争や、外国の植民地からの追放などの度に帰国を迫られ、それでも故郷への送金のために、さらなる外地へと足を踏み入れた。故郷への思いは人一倍強い娘たちの姿は、簡単には帰れない南の島々やインド、オーストラリア、アフリカにまで見られたのだ。

どうしてこんな悪循環が起こってしまったのか、健全な心を持った日本の娘たちのライフサイクルを、どうしてもっと強い力で修正できなかったのか、記事から受けた衝撃はあまりにも強く、憤りを覚えた。

からゆきさんたちが明治中期から大正にかけてどのように積み出され、ばら撒かれ、どのように故郷に帰り着いたのか、帰り着けなかったのか、この時代に書かれた記事を通して知ってほしい。また彼女たちのことは重大な事件でありタブーではない、もっと彼女たちの働きを認めてほしいというのが、私の願いであり、そのことが伝わるのを期待している。

明治の長崎発
「東洋日の出新聞」からみえる

からゆきさん

◉目次

※ウラジボストク＝ウラジオストク

写真提供：ブライアン　バークガフニ氏
『華の長崎』（長崎文献社刊）より

第1章 からゆきさんと風土

むかしの長崎繁華街本石灰町の絵はがき

「東洋日の出新聞」について

「東洋日の出新聞」は、１９０２年（明治35）１月に鈴木天眼《てんがん》によって長崎市で発刊され、１９３４年（昭和９）に廃刊されているが、長崎県立図書館で閲覧可能だったのは、発刊時より１９２４年（大正13）12月末までであった。

鈴木天眼は１８６７年（慶応３）現在の福島県二本松市生まれ、本名を鈴木力という。天眼はかつて、岡山県出身の秋山定輔が１８９３年（明治26）に創刊した「二六《にろく》新報」の主筆だった。

「二六新報」は日刊であり、藩閥政治反対を唱え、朝鮮問題や中国の動向に注目した独立の政論新聞だったが、経営難から２年後に休刊に追い込まれ、１９００年（明治33）に再興された。三井財閥攻撃、娼妓自由廃業支援、労働者懇親会の開催など社会問題に重点をおき、紙面を大衆向けに面白くし、廉価販売によって、黒岩涙香《るいこう》が創刊した「万朝報《よろずちょうほう》」を抑え、最高18万部を発行している。

しかし天眼は、これに加わらず、朝鮮半島の支配権をめぐり日清間の関係が悪化すると朝鮮に渡り、民間の軍事組織「天佑侠《てんゆうきょう》」を組織するなど、過激な行動をみせた。

１８９８年（明治31）長崎で「九州日之出新聞」の創刊に参画したが、内部対立で退社、4年後「東洋日の出新聞」を創刊し社長になる。「東洋日の出新聞」（１９０３年・明治36・4月21日）に天眼生として［転居問はず語り］を載せている。

〈三十三年の暮に九州日之出新聞てふ我等の本城は、無體な目に会ふて奪はれ、乃《すなは》ち浦五島町なる同社の真向ふに印刷所の看板掲げて、東洋日の出新聞を昨春元旦より創刊した。（略）今度は本社を新築して、長崎の花の五箇町たるその一つの鍛治屋町に転居…〉

転居後の「東洋日の出新聞社」の社屋は、記事にあるように、長崎一の繁華街である浜ん町に近い鍛治屋町の通りにあり、約2百年間オランダ東インド会社の商館があった出島や、長崎港、丸山などの遊廓にも近く、シーボルト邸、グラバー邸や坂本龍馬たちの亀山社中など、歴史的史跡と庶民生活が混然とした場所にあった。

天眼は日露戦争勃発後は地方紙ながら特派員を派遣したりしたが、戦争が長引くと、休戦に向けての外交交渉で講和を主張、ポーツマス条約締結を明確に支持した。

１９０８年（明治41）に長崎市より選出され、衆議院議員として一期在任したが、１９１３年（大正2）2月に、中国の革命家孫文を自宅に招いており、当時の写真が残されている。また軍艦生駒で安南、南米、欧州を見て廻ったり、１９１４年（大正3）

南洋の視察をおこなったりしている。１９２６年（大正15）没。

長崎市発の新聞だけに、「からゆきさん」の密航誘拐事件の記事は、被害者の一人一人の氏名、在所の所番地、戸主名、続き柄、年齢と詳細に書かれ、女衒も氏名と在所の所番地、年齢が書かれている。地元だけに距離感があるので記事も詳しく、他人事でない思いで、目を通しやすいものになっている。

当時長崎市内には他に「長崎新報」（１８８９年・明治22創刊、明治44年「長崎日日新聞」に改題、昭和には「長崎新聞」に）、「九州日之出新聞」、「長崎新聞」、「鎮西日報」などが発刊されているが、「東洋日の出新聞」と「鎮西日報」以外閲覧できるものは残っていない。

からゆきさんの呼び名

もともとは天草・島原の漁村や農村で内々に使われていて、「からんくに（唐・外国）ゆき（行き）」と、男にも使われていたのだが、「からゆきさん」は明治時代の初期から大正時代にかけて、シベリア各地から中国東北、関東州、東南アジア各地、さらにインド、オーストラリアへと、売春婦として売られて行った女性たちを指す。貧困のためにわが身を売り、この仕事を一時の宿命と受け入れ、身内に送金を続け、帰郷を希望に生きた女性たちで、特に熊本県天草郡と長崎県南高来郡の出身者が多かった。『長崎県南高来郡村誌』（1879年・明治12年起稿、明治14年通達、庶務課、史誌控事務簿）の記述に〈明治二十一年（1888年）からゆき始まる〉とあるのは、「からゆきさん」の再認識を示しているものだろう。

しかし明治から大正半ばまで、彼女たちの呼び名は「賎業婦」に始まり、「海外醜業婦」、「密航婦」、「娘子軍（ろうし・じょうしぐん、日清戦争前後から使われだしたもの）」であったが、なかでも「醜業婦」が普通だった。『からゆきさん　おキクの生涯』（※1）に、〈公文書では一貫して醜業婦であり、醜業は1877年（明治10）に初めて出てきた語である〉とある。

いくらなんでも「醜業婦」はないだろう、と思うが、当時の流れでは、醜業婦は「国の恥」との蔑視の意味が込められていた。彼女たちの稼いだ金の故郷への送金は国のために欲しいが、海外の、特に欧米諸国の植民地へ大勢で密航して押しかけ、諸外国から利用され、蔑視される彼女たちを、欧米列強に追いつこうとする日本国は「国の恥」として位置づけ、国は迷惑しているという態度を欧米諸国に見せたいとの考えだろうが、それでは彼女たちがあまりにも可哀そうだ。新聞紙上に繰り返される「国の恥」の言葉は、彼女たちの祖父母、父母、当の彼女たち、さらに子や孫、多くの親戚たちの心に深い傷を残し、今なお癒えていないかもしれない。

では「醜業」の語は1877年（明治10）から使われたとして、いつまで使われていたのだろうか。

そう思って調べると、明治半ばから救世軍による廃娼運動に力を入れていた山室軍平が、「新遊廓地指定を取り消すべし」（「大阪毎日新聞」1916年・大正5・5月1日）の記事の中で、今まで「醜業婦」だった語を「醜業婦（芸娼妓・酌婦）」と括弧入りで書いているのに気づいた。見たときは目を疑った。

「醜業」の文字に辟易していたからだ。このころから「醜業」の語は意味を持たなくなったようだ。

「誘拐」「密航婦」の語も1889年（明治22）から使われはじめ、「誘拐密航婦」になり、さらに「誘拐密航婦」が「海外密航者」として1893年（明治26）から使われている。

さらに1922年（大正11）から「海外密航者」は移民の関係から「海外渡航者」として使われるというように、「用語」は当面しているときの情勢によって変わるもので「醜業婦」はその例だ。

『長崎県警察統計書』の「海外密航者」の項目に、渡航目的として「醜業」とあるのは1918年（大正7）までであった。なんと「醜業」の語は約40年生きつづけたことになる。

※公文書には「醜業婦」の語は1921年（大正10）『廃娼帰国者保護』に使用されている。

では、「からゆきさん」の呼び名はいつごろから使われはじめたのだろうか。

「からゆきさん」の呼び名は、「東洋日の出新聞」の閲覧可能な紙面にも、1938年（昭和13）発行の『南洋の五十年』（※2）にも見当たらない。

しかし、1937年（昭和12）3月に、映画「からゆきさん」が、鮫島麟太郎原作・木村荘十二監督で公開され、映画の主題歌「からゆきさんの唄」が巷に流れたこと、2年後の1939年（昭和14）に、朝日新聞社出版『週刊朝日傑作文芸選集：5 事実小説集』に鮫島麟太郎作『からゆきさん』が掲載されているので、知る人には知られていたことになる。

大正時代の後期には「醜業」の語が消え、昭和の初期ころに、彼女たちは「からゆきさん」と呼ばれるようになったといえるだろう。ここでは敢えて「からゆきさん」と呼ばせていただく。

からゆきさんを多く送りだした熊本県天草郡と長崎県南高来郡の風土

熊本県天草郡の風土とからゆきさん

江戸時代初期に起こった天草の乱（１６３７〜３８年＝寛永14〜15）は、百姓一揆とキリスト教信者の反乱の両面を持つが、原城籠城軍の老若男女すべてが、幕府軍の総攻撃により死亡したことで天草郡の人口が半減した。そのため「入り百姓政策」で積極的に他郷の村人を受け入れ復元したが、その後も人口は自然増加をつづけ、明治初めにはついに過剰人口に悩むようになった。

天草諸島の上島と下島は、山寄りの小石混じりの土地が多く、耕地面積が狭く島内生産が乏しかった。生きるために島民は干拓事業に従事したり、県内外の他の郡部に移籍したりした。

『天草海外発展史・上巻』（※3）によると、〈大正十五年（一九二六）に刊行された天草新聞記者団うしお会の『天草案内』にも、明治の初期、すでに決河《けっか》の勢をもって、出水、葦北、八代、球磨、薩摩の郡部へ移籍する者多し〉とあり、〈明治四年（一八七二）北海道へ開拓移民団として二十一世帯九十三人、明治八年（一八七五）百二世帯四百七十六人が球磨地方へ移住、明治十八年（一八八五）には、ハワイ移民二十三人、明治三十九年（一九〇六）南米ペルー移民開始〉とある。

「決河の勢い」とは、堤防が決潰したときの、激しい勢いで流れ出す河水の様子をいうが、エネルギッシュな村民がみえる。

また天草人は1892年（明治25）、オーストラリアに近いニューカレドニア島のニッケル鉱山へ5年契約ででかけている。

『フランス領ニューカレドニア島の移民について』（※4）に〈応募者六百人すべてが熊本県人で、天草人が圧倒的に多かった。パリのニッケル会社の待遇も悪く、取扱いも過酷だったので、待遇改善のストライキもしばしば行われた。翌年二月に五十七人が帰国し、その後もつづき、契約期間を満了した者は約百人に過ぎなかった〉とある。

１８９６年（明治29）に募集されたシベリア鉄道工事にも、多くの天草人が応募、劣悪な環境での作業を余儀なくされている。

国際協力事業団による『海外移住統計』（※５）に見える熊本県の年次別出移民数は、１８９９年（明治32）〜１９２１年（大正10）までに総計４万４千６６３人、長崎県のそれは、１万３千１７８人であるから、長崎県の３倍強になる。１９２６年（昭和元）に入ってからのブラジル移民は、熊本県がトップだ。


このように江戸時代より、島内生産の少ない土地に人口過剰で悩みつづけた天草人は、国内はもとより海外進出も辞さない気風を、当たり前のように身につけていたのだろう。江戸時代から子守や下働きとして、球磨《くま》地方に出稼ぎにでた天草の娘たちの目は、明治になると長崎に居留する外国人の子守やメイド、あるいは長崎市内の繁華街の饂飩《うどん》屋や旅館や商家などの下働きや女中の奉公口に向けられた。筑前に人夫や茶山の出稼ぎに出た男たちも、いっせいに長崎に出るようになる。

長崎港には露国軍艦が水や食料や休養のために停泊し、洗濯屋、料理方が要請され、多くの天草人が伴われてウラジボストクに渡った。ウラジボストクで開業した天草人は、親族や知り合いを呼び寄せ、料理屋など他の商売人が増え、日本人街までできた。外国人に雇われた娘は、親に身代金が渡され、そのまま海外へ伴われて渡ったし、奉公中の娘たちの中には、英国、ドイツ、ロシア船などに誘拐されて、海外に渡った者がいても不思議ではない。外国に行けば楽で高い賃金がもらえると聞けば心が動いただろうし、天草の気風を娘たちは充分持っていただろうから。

長崎県南高来郡の風土とからゆきさん

長崎県の南高来郡の女性たちはどうであったのだろう。方言も似ていたので、海外で天草の娘は長崎出身といい、長崎の娘は天草出身といったというのも分かる気がする。

天草郡と南高来郡の面積は、地図から見ても分かるように、天草郡の方が上島の分だけ広いが、両郡の現住人口と戸数を『明治三十一年日本帝国人口統計』（内閣統計局編　明治34年3月刊行）から見ると、

天草郡

現住人口　男８万９千７７０人　女９万３千１４３人　計18万２千９１３人
現住戸数　３万３千８１０戸
南高来郡
現住人口　男８万３千９０６人　女８万５千２１８人　計16万９千１２４人
現住戸数　２万９千４８１戸
当時の長崎市
現住人口　男５万７千４６２人　女４万９千９６０人　計10万７千４２２人
現住戸数　１万６千５５９戸
西彼杵郡（長崎市周辺45村）
現住人口　男８万２千４４８人　女８万１千５８０人　計16万１千８２８人
現住戸数　２万９千９１９戸
両郡の人口は、長崎市と西彼杵郡を超えている
　さらに棄児《すてご》数をみると、
天草郡（男４人　女８人　計12人）　南高来郡（男59人　女82人　計１４１人）
長崎市（男16人　女17人　計33人）　西彼杵郡（男24人　女20人　計44人）とある。

西彼杵郡の数には、浦上山里村の（男22人　女17人　計39人）が含まれていて、これは浦上教会の女性信者たちが棄児を育ててくれるというので、門前などに放置された数であり、他村は（男2人　女3人　計5人）だ。

天草郡と南高来郡は男より女の数が多いが男女とも多く、よく似ている。天草郡の村には間引きはなかったといわれ、自然増で人口過剰になったという。南高来郡の棄児の多さが気になるが、これは『南高来郡町村要覧』（※6）で調べてみると、〈明治四年以後、棄児が出た場合、棄児を預った者、貰った者には、一歳から十五歳まで年に米七斗ずつ支給すると言う救済措置がとられていたことによるものだ〉とある。間引き対策だろうが、これも大正時代にはほとんどなくなったという。

さらに「島原大変肥後迷惑」と言われるように、1792年（寛政4）に雲仙岳の一部の眉山が火山性地震で崩壊、有明海に押し出されたために津波が生じ、対岸の肥後などで1万5千人もの溺死者を出した災害もあり、丘陵が多く平地がない村もある。この点でも天草と似ている。

島原半島にある南高来郡は2町と28村からなり、ほとんどが漁業を営む。『南高来郡町村要覧』（※6）の1893年（明治26）4月に、次のようにある。

〈本郡は耕地に比し人口多く、漁業を専とするもの少なからず。農民は勤勉するにあらざれば糊口を為す能《あた》わず。故に他方に比すれば勤勉の風あり。就中《なかんずく》北目各村は男女能《よ》く稼業をつとめ、実に星を戴き月を踏むの景況にして、人の気質純良なり。南目は遊民多し。又南目西目は漁夫多く、気質暴である〉

干拓事業や他所に出稼ぎの天草の男と違い、島原の男たちは漁業や船員業が多かった。

ところで『島原　明治年代記（その一）』（※7）に異人の人買いのことが書かれている。

〈明治二年　己巳《つちのとみ》　人買来る　近頃子供を盗む者有り　三会《みえ》村中野名に平蔵（仮名）という者　十歳以下の子供の遊び居るを　菓子など呉れて誘い出し　背負うて長崎に行き　異人に売渡す由にて　子供数人失いたる聞ゆ有るに依り　御上より御穿索有り　有馬村の子供一人　右之者七両二分にて　異人に売渡したる聞き　御上より御買戻しになりて　五月七日親元に御渡し相成る　右平蔵の党類を穿索有るとも未だ分らず〉

子供が男か女か分からないし、異人が清人なのか何人なのかも分からないが、長崎に連れ出して異人に売るのは、長崎港に停泊する外国船で、上海や香港へ連れ出し、そこで高値で遊廓に売る目的だとしたら、女の子だったのだろう。

長崎市内や近辺に大きな遊廓があり、島原半島の娘たちも貧困のために売られていったのだろうが、明治2年（1869）の異人の人買いの事件は、「東洋日の出新聞」の次の記事に関係があるかもしれない。

1915年（大正4）12月17日

〈支那（中国）人の小児誘拐鬼、天草、島原方面。潘従有《ばんぞう》（四十一歳）人身売買。支那内地へ、一名二十円、某※女（四十歳）が共犯〉

1916年（大正5）1月14日　〈小児十名の身元判明〉

同年　2月18日　〈少女二名帰る。ピカピカの支那服〉

どのようにして確保されたのか書かれていないが、その筋道は知られていたのだろう。残りの8名は隠されているのだろうか。

1918年（大正7）11月14日　［支那化した日本婦人］

〈福清地方より日本に行商する支那人は、帰国に際し使役に都合よく、送金を要

※某：実名が載せられていますが、筆者の考えで名を伏せさせていただきます。

せざる邦人婦女を誘拐することを慣習事とし、四、五歳の幼児を同伴させ養女として育て、他所に転売することもある〉

ところで「東洋日の出新聞」（１９０７年・明治40・1月7日）に、自身が海外醜業者の元祖だという、壱岐生まれの値賀寅二なる人物の懺悔談が載っている。

〈明治二年、香港の奉公先の洋食店の主人は英国人で、多くの欧州の女を抱えて醜業を営んでいたが、その金儲けの荒いのを見て、自分が独力で日本の女を連れて来て、この商売を始めてやろうと思った〉

とあり、１８６９年（明治２）には、上海や香港で婦女・子供の売買が公然と行われていたことになる。

※壱岐市の文化財課に「値賀寅二」なる人物のことを尋ねたが、そのような名前は知らないとのことだった。

貧しさの中に安心して人口が増加しつづけたというのは、誰かが出稼ぎに出て仕送りをしてくれる当てのあることで、女であれば、からゆきさんが手っ取り早いのは明白である。貧しい家の娘にとって、選択余地のない海外醜業婦の道は、宿命ともいえる仕事でもあったが、「武家の女においてをや」であった。

維新後、士族の生活困窮が醜業につながったことは事実だった。鹿児島県の士族鈴木某の出願として、

〈活計に困る者の多きゆえ売淫の流行、これら婦女子を上海に連れ行き、年限を定め、娼妓渡世をなし、目途立てば帰朝させたい…〉（1879年・明治12・3月1日「朝野新聞」）

〈華士族の女にして娼妓営業は不許可〉（1882年・明治15年・7月1日「朝野新聞」）

などとあるのは、華士族の女たちの活計のために、女の仕事が考えられたということだ。

第2章 からゆきさんの積み出し

蒸気船に石炭をリレー方式で運ぶ様子を写した絵はがき

からゆきさんの積み出し

シンガポールやマニラで暗躍する女衒《ぜげん》の親分に牛耳られた子分《こぶん》たちが、長崎県、熊本県、福岡県、広島県、愛媛県などを渡り歩き、月に15円の下女奉公だ、2年の年季だと、貧しい農家の娘を身代金を払って連れ出す。

長崎市内の繁華街で働く娘たちは、市中をうろつく子分たちの餌食となって、海外に行けば月に15円貰える楽な仕事があるとそそのかされ、着の身着のまま誘拐された。集められた娘たちは仲間の子分の家に監禁され、外国航路の汽船待ちをしてひそかに積み出されたが、その多くは、船員たちに渡りをつけた女衒と共に外国籍の石炭運搬汽船の石炭庫や貨物船の積荷の間に潜み、長崎港や口之津港から積み出された。

1889年（明治22）ころから女衒だった村岡伊平治の遺稿がまとめられた『村岡伊平治自伝』（※8）に、一人の娘への貸金が6百円とある。

連れ出しにかかった身代金や旅費、宿代、食事代、店に出るための衣装代、化粧品、雑貨代すべてが娘の借金となる。買う方は6百円を娘の借金として、揚げ代は5分5分、借金は娘の取り分から返され、食事代、部屋代、光熱費、諸雑費などを徴収するのだ。娘を連れて来た女衒は自分の腹を痛めないばかりか、人数を集めればボロ儲けになる勘定だ。何も分からぬ娘を騙して連れ出し、いきなり六百円の借金を背負わせ、売春婦に陥れる土壌はいったいどのように耕やされていたのだろうか。

1887年（明治20）前の、からゆきさんの進出について、『明治ニュース事典』（※9）の中から記事を拾ってみたい。

1883年（明治16）1月16日「東京日日新聞」〈日本婦人が上海で売春〉

1885年（明治18）4月5日「朝野新聞」

〈海外に出る日本の売春婦　近来清国各地に日本婦人の渡航し、売淫の醜態を顕すは深く慨歎する所（略）。去年上海の売淫者七、八百名を安藤領事の尽力により退去せしめ、今日は二百名ばかり。また「東洋茶店※」（いわゆる割烹曖昧宿なるもの）減じて十五軒、しかるに売婦などは遠く西南数百里の地に渡り、現にシンガポールに開店する売淫店は三十軒、一夜十ドル以上。また安南・東京《トンキン》にも移転、芝罘《チーフー》、寧波《ニンポー》のごときは殆どその数を知らず。日本男子の商売となりて、これらの

各地に渡航し各自の業を営むものあらば、国家永遠の幸福をも開くべきに、売婦の各地に散在するは慨歎の至りに堪えざるなり〉

※「東洋茶店」：「東洋茶館（茶寮・茶楼）」ともいう。

『海を越えた艶ごと　日中文化交流秘史』（※10）によると、

〈明治初年から日本人の洋妾や妓女は存在したが、「東洋茶寮」が上海に出現したのは、１８７７～７８年（明治10～11）ころで、明治15～16年ころに全盛を迎えた。しかし日本政府は１８８３年（明治16）取締りに乗り出した〉

とある。

「日本男子の商売なら、国家永遠の幸福をも開くべきに」、と政府の溜息は分かるが、日本から連れ込まれ、追い出された日本女子を保護し帰国させていたら、彼女たちは女衒たちによって「遠く西南数百里の地」に、ばら撒かれることはなかっただろうに。どうして「保護」と「日本での活計」を考える国力がなかったのか。それだけ彼女たちの送金に依存していたというのだろうか。

１８８５年（明治18）８月25日「朝野新聞」

〈上海から日本人の商売女を強制送還として、上海駐劄日本領事館は、日本の売淫女を禁止、二十余人帰国せしめた〉

1886年（明治19）1月30日「朝野新聞」

〈本月二十七日発刊の「神戸又新日報」にて、近頃英人の当港に来りて我が国の婦女を雇い入れ、不正の奇利（思いがけない利益）を網せんと、しきりに周旋する者ありし。十八歳より二十五歳位の婦人海外旅行券の下付願出、日に三、四名ずつ〉

英人の女衒までが神戸港で娘をほしがるのだから、日本娘の価値があると思ってはならない。一時の慰み者であり、「転売してさらに儲けられる品物」なのだ。

日本から大量にやってくるからゆきさんは、国際社会の仲間入りを願う領事たちの悩みの種であっただろうが、からゆきさんの需要と供給を取り仕切る日本人の親分・子分のネットワークが上海、香港、シンガポールを拠点に張り巡らされていたのだから、領事たちの手に負える数ではなかった。

いったいどれ位の人数だったのか。数字を明示しているのは、女衒本人による『村岡伊平治自伝』（※８）のみだ。しかし、それについては、「信用できない」とする著者（※11）もいるし、村岡の自伝をもとにして書かれた著書（※12）もある。

日本からの出帆港と経由地は女衒の知るところだし、扱った人数も多めであっても少なくはないので、『村岡伊平治自伝』から見てみると、

１８８９～１８９４年（明治22～27）にシンガポールへ上陸させた女の数は３千２２２名。出帆港と人数は、長崎港（７８５人）、口之津港（３０７人）、神戸港（５０３人）、門司港（４７６人）、横浜港（３０１人）、清水港（２０７人）、唐津港（７０人）、三池港（20人）、大阪港（12人）、他に香港経由（２９３人）、上海経由（１７６人）、廈門《アモイ》経由（65人）とある。これから見ると、明治中期の６年間に天草、長崎から連れ出されたからゆきさんの数は１千３百人位だと考えられる。

１８８７年（明治20）10月29日「東京日日新聞」に

〈日本女子の海外出稼ぎは、清国・朝鮮などは漸々に減、ひとり露領ウラジボストクはいまだ我が領事館の設けなく、貿易事務官のみで取締り充分ならざるを奇貨《きか》（利用すれば利を得る見込みのあるチャンス）として、無産の日本女子が例の醜

業営む者多く、現時日本女子で同港寄留する者二百余名、その中半は日本人の妻、
外国人の妾、その半は醜業なり〉

とある。

ウラジボストクに貿易事務所が設けられたのが1876年（明治9）で、それが領事館に昇格したのが1907年（明治40）なので、貿易事務官たちは次々と送り込まれる密航者に対応できなかっただろう。天草・長崎人が多く居留する街なので、気楽に若い男女が渡ってきた。貸し座敷※ですぐに女は受け入れられたが、若い男は金もなく、仕事もなく、ロシア風のルバシカ姿で中国人労働者のたまり場に出入りするのが見られた。農村の二、三男が多く、故郷を出たものの帰る金もない状態で、外地の安穏さと風通しのよさに日々を重ねるだけだ。女たちも生活の安定のため、中国人やロシア人の妻妾となる者も少なくなかったが、ロシア人より中国人の相手が多かった。

※「貸し座敷」とは、1872年（明治5）、外国から日本の娼妓の人身売買を指摘された政府は、急遽「芸娼妓解放令」を発布した。このため各府県は遊女屋を「貸し座敷」と改め免許を与え、娼妓に座敷を貸すことを認めたが、呼び方が変わっただけで、それまでと何も変わらなかった。

なぜ、多くの天草・長崎人が寒さの厳しいロシアのウラジボストクを目指したのか。天草や長崎の人々とのつながりを見てみたい。

からゆきさんとウラジボストク（浦汐斯徳）

ロシア極東部で最も南にある沿海地方の街ウラジボストクの軍港には、マストを何本も屹立させた、真っ黒い軍艦が数隻、鋭い船体をいつでも出動できる態勢で、その威力を誇示していた。湾は半島にくい込み、さらに半島はウスリー湾とアムール湾に囲まれ、その中で最良の港がウラジボストクだ。

この地方はもともと中国人や朝鮮人がナマコを採って暮らしていたが、1860年11月の北京条約でロシア領とされた。

南は豆満江《トゥマン・ガン》をはさんで朝鮮と接し、西はウスリー河とハンカ湖をはさんで中国に接する。日本とは日本海をはさんで新潟や富山に近く、軍事的に重要な位置にある。

ウラジボストクと長崎とのつながりは幕末からで、ロシア艦隊が長崎の稲佐村に船舶の修理や物資の補給、将兵の休息のために頻繁に寄港していた。冬はウラジボストクの港が凍結するため、備えの港も必要だったからだ。

1860年（万延元）にはロシア将兵のためのマタロス休息所も建てられ、ホテルもあった。

一方、稲佐村から若い男たちがロシアの汽船で、天草からも帆船で男女がシベリアやウラジボストクに渡っている。

1860年にロシア領になったウラジボストクの20年後の様子は「朝野新聞」（1880年・明治13・5月19日）に次のようにある。

〈ウラジボストクで漁業に従事する日本人は百名ばかり。この地は海・陸兵各千人、軍艦十隻、居民は満州人、朝鮮人相半ばす。道路ははなはだ不潔、家屋は皆狭隘なり。盗児随分多し。魯国語学校二ヶ所（一は女学校）。また書籍館あり。旅館は二、三軒ありて上等な諸器備われり。魚類はなはだ廉価。市中の模様は我が長崎よりもよほどよし。年々人口繁殖す。野菜は満州人がよく作れり〉

この年には第四十四銀行支店が準備され（「東京日日新聞」12月）、1882年（明治15）には、日本の郵便局の設置が定まった（「東京横浜毎日新聞」1月29日）。

日本人の煉瓦工と煉瓦の建築工を、長崎の商人が請負い作業が進んでいること、長崎とウラジボストク間の海底電線増架（1871年・明治4年にオランダの電信会社によりウラジボストクと長崎、上海、香港を結ぶ海底ケーブルが設置されている）の工事が、来月26日に竣工するので27日より通信を開く（「東京日日新聞」1883年・明治16・3月24日、7月31日）など、ウラジボストクは日本人受け入れに積極的で、ことに男の数の増加から、からゆきさんの供給を要求していた。

『娼婦・海外流浪記』（※13）に、1884年（明治17）3月のウラジボストク市庁の調査によるウラジボストクの人口が載せられている。開拓使次官　黒田清隆『環游日記』からの孫引きだとある。

露国人（男4千191　女818）
清国人（男3千016　女3）
朝鮮人（男347　女7）
日本人（男119　女276）
欧米人（男46　女14）
計（男7千719　女1千118）

さらに1901年（明治34）12月末の邦人シベリア居留民数の調査結果も載せられている。これは戸水寛人のメモ（『東亜旅行談』）からとある。

ウラジボストク（男1千413　女1千485）
ハバロフスク（男87　女135）
ブラゴブェシチエンスク（男80　女131）
ニコラエフスク（男96　女101）チタ（男30　女65）
ノヴォキエフスキー（男12　女30）イマン（男18　女29）
イグナーチノ（男4　女28）ストレチェンスク（男10　女25）
ウェルフネウージンスク（男10　女13）ゼーヤ（男6　女13）
ラズードリノエ（男3　女12）ネルチンスク（男3　女10）
カイダロフカ（男35　女6）イルクーツク（男12　女2）
ボシエット（男0　女1）トムスク（男1　女0）
計（男2千015　女2千321）

これらの数字は貿易事務所へ届けられたもので、本当はもっと多いはずだ。

１８８４年から１９０１年の17年間にウラジボストクの居留邦人の数は、男12倍、女５倍強に増えている。またシベリア各地に入りこんだ彼女たちも含め、居留民たちは、故郷への送金のために出稼ぎに来ているのだから、送金額はいくら位になるのだろうか。

『娼婦・海外流浪記』の著者（※13）は次のように計算している。

〈前年（明治33）のウラジボストクからの日本への送金額は、外貨約九十万円近くあり、その送り先は、島原、天草を控える長崎が半分以上を占めている。したがって、そのまた大半―三十万円ほどがムスメ（からゆきさん）の送金だったと睨んでまず間違いなかろう。「郵船」のこの年の送金は僅か四万五千円足らずの情けなさ〉

郵船の送金の約７倍あるので、かなりの額の送金が、からゆきさんから長崎県にもたらされたことになる。

世界地図で先のシベリア居留地をマークしてみると、地図に見えない地名が半分もあった。しかし日本人女性の多いウラジボストク、ハバロフスク、ブラゴヴェシチェンスクから、北満州の境界に添って伸びているのが見え、中国のハルビンからもシベリアに入り込んでいるのが見える。

日露戦争勃発のとき、ウラジボストクやハルビンから遠く離れたロシア領に居住していた彼女たちは、どうだったのかと心配になる。ハルビンからの引き揚げの動きは速く、戦争に入る前に日本人会による引き揚げ列車で、ウラジボストクへ発ち、ウラジボストクからの出国汽船に間に合っている。国と国の戦争となれば、祖国日本の救済も日本人会にも頼れず、情報もなく右往左往する毎日だったろう。どうしてこんな遠くまで来てしまったのかと、初めて心の底から悔んだことだろう。

国を離れて敵国にいる怖さは、女衒たち自身も体験したこともなく、女を連れて行けば金になる、ただそれだけで女を野に捨て置くなどあってはならないことだ。まして日清戦争後の三国干渉事件※などロシアとのごたごたが尾を引いていたころだ。呑気というか、世間知らずの女衒に呆れるばかりだ。

※三国干渉事件： 1895年（明治28）日清戦争の講和条約（下関条約）締結後、ロシア・フランス・ドイツの3国が日本に干渉を加え、条約で日本が得た遼東半島を清国に返還させた事件

ともかく1891年（明治24）シベリア鉄道の建設が始まり、ウラジボストクからハバロフスクに向けてウスリー鉄道の工事が始まると、中国、朝鮮、日本（とりわけ天草、長崎）から出稼ぎ労働者が集められ、男の数が急に増えたロシアにとって、出稼ぎ酌婦のからゆきさんは都合のよい存在だった。そのためロシアも密航婦を黙認し、日本の貿易事務所の役人も目が届かず、日本娘の密航はその後も続いていった。

からゆきさんとシンガポール、さらに南洋とのつながり

まずは上海・香港・シンガポールについてだが、上海は維新の前後から、かなりの女が入り込んでいたようだ。長崎と上海は船の便もあり、長崎の唐人屋敷に住む中国人を阿茶《あちゃ》さんと呼んで、上海は下駄履きで行けるほど近い所と親しんでいた。商人も気安く往来していたのだから、女も出入りしていただろう。1882年（明治15）ころには、着物姿の給仕がお茶と菓子をだす「東洋茶館」が全盛になった。ところが長崎の博徒が長崎から大勢の女を引き連れてきて、「東洋茶館」の名で大々的に娼売をはじめたのだ。困った日本領事館が、1884年（明治17）暮れに取締りを始め、

女衒たちは女たちを引き連れ、香港やシンガポールに流れていったので、幸いにも上海ではいわゆる娘子軍の繁栄はみられなかったようだ。

※長崎の博徒について『娼婦・海外放浪記』（※13）には、「長崎の博徒で上海売春地帯　大元締めの青木権次郎という親分が」とある。

※娘子軍とは、日清戦争前後（明治27～28年）に多くの娘たちが娼婦として海外進出したことを、兵士になぞらえて呼んだもの。

シンガポールについては、『南洋の五十年』（※2）に次のようにある。

〈賎業を始めた元祖は、明治初年に横浜から英人の妻としてシンガポールにやってきた日本女性で、夫の死去により始めたものだと伝えられているが、明治十年ころにはすでにマライ街に二軒の邦人娼家があり、それがすぐに十軒になり、五、六十人もの娘がいるようになった〉

上海から流れて来た大勢の女たちを受け入れる余地のあったシンガポールは、たちまち日本娘の人身売買の市場となっていく。

『からゆきさん　おキクの生涯』（※1）の中に、競《せ》りにかけられる日本娘のことが書かれている。

〈一八七七年（明治十）十九歳の時、口之津港を出航したアーガス号に乗っていたカナダ移民第一号の島原の永野万蔵が、寄港先の中国やインドの港で、「五十ドル、百ドルだよ」と日本人によりセリにかけられている日本娘を見たという。また、『ジョホール河畔』の中で、著者岩田善男は「大正二、三年だったと思うが、シンガポールの船着場の倉庫の前でやっているという女郎の競市《せり》にでかけた。十二、三歳から十四，五歳の日本の少女十人ほどが、ペラペラの洋服や浴衣みたいなものを着せられてね。シンガポールでも日本人の某商店は、女の仲買いもやって儲けていて、毎週月曜日店の前で日本の女だけ五人、十人と並べて競売をやり、結構な人だかりができていた」と言っていた〉

島原や天草から連れて来られた少女たちが、同郷の女衒たちにせりにかけられていたというのは耳を疑う話だが、中国も植民地を領有した欧州も、街の建設や鉄道敷設のために大量流入した中国人労働者と欧州人のために、娼館を開き、娼婦が人身売買されていたのだから、日本人も当然真似をしただろう。

1882年（明治15）女流西洋画家第一号となる、当時21歳の清原お玉は、彫刻家のイタリア人ヴィンチェンツォ・ラグーザとお玉の姉夫婦と一緒に、イタリアに向かう途中、シンガポールの港に立ち寄り町を見物した時のことを、『ラグーザお玉自叙伝』（※14）でこう語っている。

〈数人の日本人がいました。二、三の男の外はみんな女で、いわゆる南洋の娘子群（ママ）です。その女の風のだらしなさと来たら、見ているこちらが顔負けする程でした。もしかしたら自分たちもあんなに見えるのではあるまいかと、ぞっとしたのですが、姉も同じ感じを抱いたと見えまして、それからはせいぜい身だしなみを謹み、鬢の毛が海風に乱れるのにも気をつけるようになりました〉

※清原お玉：ラグーザ玉　1861年（文久元年）生まれ。旧姓清原。江戸に生まれ、日本画、西洋画を学んだ。美術学校教師として来日の彫刻家ヴィンチェンツォ・ラグーザと結婚するために、イタリアのパレルモへ向かう途中のことだ。1939年（昭和14）没。

今から日本婦人の代表としてイタリアへ行く自身が、外国人の目にどう映るのかを危惧するほどのからゆきさんの姿が、あったのだろうか。

上海、香港、シンガポールを拠点にする女衒の大親分たち

上海・香港・シンガポールを拠点に１８８９～１８９４年（明治22～27）ころに女衒の親分・子分のネットが張り巡らされたと書いたが、「東洋日の出新聞」から見える主な親分とその動きを見てみたい。

残念なことに、扇の要の大親分の３人が長崎県下の生まれだった。

まずは大親分の長崎の丹波屋について、

１９１２年（明治45）２月５日に訃報が載っている。

〈丹波屋逝く　出雲町侠客丹波屋事某　島原生まれ　侠気《おとこぎ》あり多数の子分を持つ大親分　其後、芸妓屋丹波屋券を営む〉

とあり、49歳の病死であった。維新前の生まれなのだから、20歳前後から、からゆきさんに関わったのだろうか。上海に長崎から大勢の女を連れて来て、「東洋茶館」の名で娼売を始めた親分が、丹波屋と関係があったのかどうか分からないが、『南洋の五十年』（※２）に、

〈シンガポールで大正三年春、英政庁の荒療治で嬪夫《ピンプ》（女衒）狩り（後述）が行われ、

男たちが姿を消し、南洋一帯の娘子軍をまとめる人間がいなくなった。丹波屋の一番の子分の伊田も丹波屋が死んで一年もたたないうちにシベリアで非業の最後をとげていた。伊田某が死んではもう丹波屋の後をつぐべき腕のある者はどこにもいない〉

とあるから、やはり誰もが認める大親分だった。

次は長崎県西彼杵郡浦上山里出身　明治元年生まれの松崎某だ。

1909年（明治42）12月25日　かなり詳しいので、そのまま記す。

〈明治二十二年（1889）より密航婦誘拐者の手先となる。日清戦争で台湾が新領土になったとき、八名の女を誘拐して乾児《こぶん》と共に渡り、その後数十名の女を誘拐、数千円の金を得、それを元手に南清、南洋に雄飛せんと企てる。（略）。内地より送り来たる婦女は、一応上海にて受取りたる上、ジャンクに乗せシンガポール、ピナン、バタビア、ハイフン、ラングーン、マニラなどを主な得意先として送付し、これら各地を往復して乾児を監督した。バタビア（ジャカルタ）に豪邸を建て、バタビア某と有名。バタビアで同じ誘拐者仲間と勢力争ひの結果、相手の親分を柔術の手で殺し、勢力を一手に掌握。
下手人として死刑の宣告を受けるが、莫大な賄賂と香港、上海より外国人の弁護士を呼ぶなどし、懲役に軽減、監獄に服役し、今春出獄。（略）。又彼が為め誘拐せられ、異境にて悲惨の境遇に陥りたる婦女は、殆ど千余名に上り、その配下のみに約三百余名あり、又彼が為め誘拐せられ南清・南洋地方に散在せる婦女子より、当地官憲に宛て、彼が罪状を数え立て訴え来りし投書、数十通に達し居れり〉

もう一人が『村岡伊平治自伝』の著者村岡だ。「東洋日の出新聞」に村岡伊平治の名は出てこないが、独自の人脈とやり方で、からゆきさんたちを采配していたようだ。著書の要旨を記す。

村岡は1867年（慶応3）島原城内生まれ。9歳で父を亡くし、19歳のとき（1887年・明治20）上海に渡った。翌年、大勢の日本娘が厦門《アモイ》の奥地で支那（中国）人に買い取られ、賭博の資本金にするため、彼らに監禁されているのを知り、英国領事館に頼み、書記生と支那の警官3名を借り、都合5名で奮闘し、55名だけを救出したが、救出のための費用は彼女らの負担とするとして、売り飛ばした。

さらに翌年、シンガポールに入り、南洋の島の村々を巡り、視察して女郎屋開業のための女の配分と、女衒にする人材を考えて廻った。

1890～1895年（明治23～28）にかけて、シンガポールで中継旅館を営み、人身売買の鎖の輪を作るべく、ソウル・上海・寧波・香港・マニラ・バタビア・ラングーン・シンガポールを、東アジア地域における主要な再配分センターに成長させた。

1890年（明治23）には、もう強力なからゆきさんの周旋組織とネットワークが考えられていたことになり、名の知れた大親分、丹波屋、渋谷、二木、稲田たちが手を結び、1890～1900年（明治23～33）にかけて、シンガポールでの婦女子売買が急成長した。

著書には、村岡自身の写真の他に、多くのからゆきさんの写真が載せられていて、からゆきさんたちとの繋がりがあったようだ。そのためか、1900年（明治33）に移り住んだマニラで、村岡が日露戦争時の国への献納金を募ったところ、202名のからゆきさんから3千34ドルの献金が寄せられた。献納したからゆきさんたちの名簿もしっかり残されている。

1907年（明治40）2月14日
伊田某は明治3年（1870）神戸（下関？）生まれ。長崎の亀といわれ、長崎の丹波屋と結託し、1904〜1905年（明治37〜38）ころの誘拐密航婦を取り仕切った親分。現時38歳。
〈風貌は丈五尺三、四寸、鼻高く眼細く、額禿上がり、顔面痘瘡ありて、獰悪の相貌。しかし身には絹布の衣類、現金二百五十円を所持。〉
大正の初めにシベリアで非業の最後をとげたという。
1902年（明治35）3月6日
森田某　元炭鉱小頭。密航誘拐でボロイ儲けをして有名。世界中至る所に渡れる旅券を携帯している。
1906年（明治39）9月12日
富重某　長崎市丸山町生まれ。密航婦誘拐の親玉として1887年（明治20）以来、香港、シンガポールを始めとして、豪州地方を股にかけて徘徊し、盛んに内地より婦女を誘拐して、不正の利を貪っているのが大連で発覚、同地で拘留処分を受けていたが満期となり、民政長官は直ちに退去処分とした。

1908年（明治41）3月23日
高城某　南高来郡堂崎村出身。以前英汽船の火夫の時、口之津港へ出入りするうちに味を覚える。香港滞在中伊田某の兄弟分となり、南洋ジャワ島で雑貨店を開業するも、それは表向きで、実は密航婦の中継所だった。
1909年（明治42）3月6日
末吉某　下関に現れる。伊田某と共に東西の大関と称せられる。熊本県天草郡出身。ハルビンのブリスタンブチャワに本陣を構えて八方に手をのばし、婦女の誘拐を業とし、毒手を振う。
明治維新前後の生まれの親分たちは、からゆきさんが始まった1888年（明治21）には20歳前後で、長崎から上海、香港、シンガポールと精力的に渡り歩き、同じ誘拐者仲間の親分と縄張り争いをやるなどして、勢力を広げていった。天草や島原、長崎市近辺から腕力と威圧で娘たちを誘拐し、密航で連れ出された彼女たちを中継旅館で売りさばき、子分はそのまま引き返し、次の密航婦を積み出すのだ。

石炭運搬汽船による密航

口之津歴史民俗資料館を訪れたとき、外国の石炭汽船への石炭積み込みの様子を撮った古写真のパネルに、次のように説明がつけられていた。

〈１８７５年（明治８）三池炭鉱の石炭は、口之津〜長崎〜上海へと運ばれる。石炭は本船に横着けした団平船から、藁で作った容器（ヤンチョイ・カガリ）でヤンチョイ、ヤンチョイの掛け声とともに手送りし、これを本船の上で四斗樽に移した。樽一杯はヤンチョイ・カガリ八杯、樽百杯が五屯という計算で本船積みをした〉

大型汽船に掛けられた何本もの縄梯子に、多くの男女が縋りつき、下からヤンチョイ、ヤンチョイの掛け声で、ヤンチョイ・カガリに入れられた石炭を、手送りして船に引き揚げて積み込む。男たちに混じって働く、石炭で薄汚れた顔と労働着の若い娘が、誘拐された密航婦であったかもしれない。混雑した怒号の飛び交う船着場で、ぼろを羽織り、石炭で汚した浮かぬ顔で船に紛れこむ指示を待っているうら若い女がそうであったかもしれない。あるいは今夜、この石炭運搬船の船底に潜り込むために、岸壁から離れた近くの岩場の蔭に、緊張した面持ちで隠れている娘の一団がいたかもしれないと思うと、哀しくなる図だ。

1878年（明治11）島原の口之津に税関ができ、三井物産の支店が置かれた。口之津港が1889年（明治22）11月に特別輸出港となり、三池炭坑などの石炭が、大型船の接岸できない三池港から小舟で口之津港へ運ばれ、そこで外国汽船に積み替えられて、上海、香港、東南アジアへ輸出され始めた。天草郡と南高来郡はわずか早崎海峡を6キロメートル隔てているだけで、鬼池港～口之津港～茂木港～長崎港と、富岡港～茂木港への定期回路があり、口之津港が石炭輸出港として最盛期を迎えていた1889年（明治22）から、三池港築港により口之津港が影を落とし始めた1908年（明治41）の20年間、両郡のからゆきさんたちはここを行き来していた。

明治20年代の長崎港は、石炭の輸出港として栄え、石炭積み込みのため、英国、ドイツ、ロシア、ノルウェーなどの外国汽船が停泊していた。石炭の積み込みでごった返す汽船には、女衒たちや、出島近くのホテルのボーイたちと通じている船員や、水夫の支那（中国）人がいて手引きした。連れ出された娘たちは、船底の石炭庫や積荷に潜んで密航した。

1891年（明治24）の長崎港入港船船数は『長崎県警察統計表』より

英国汽船　217、ドイツ汽船　160、ロシア汽船　36、ノルウェー汽船　46

デンマーク汽船　３、米国帆艦　２、イタリア帆船　１、オーストリ汽船　１、清国軍艦　７、朝鮮汽船　２

１８９２年（明治25）は、

英国汽船　195、ドイツ汽船　175、ロシア汽船　43、ノルウェー汽船　22

１８９１年（明治24）の口之津港入港の外国汽船の数は

外国蒸気船　94、蒸気船　63、西洋形帆船　42、日本形船　４千251

１８９２年（明治25）は、

英国汽船　49、ノルウェー汽船　８、ドイツ汽船　２

石炭積み込みで口之津港や長崎港に停泊した外国汽船の数は、英国が最も多く、次いでドイツ、ノルウェー、ロシアとつづく。これらの汽船の多くが女衒と船員、水夫の取引でからゆきさんを積み込んだことで、「密航婦、密航者取調べの為の船内捜査」を英国、ドイツ、ロシア、ノルウェーの汽船が受けていた。とくに英国、ドイツの汽船が多かった。外国汽船の船長はもとより、船員も知らない内に密航婦を積み込まれ、臨検で摘発されたり、港を出帆した汽船の船長が、密航婦を下船させるために回航してきたり、そのための賠償金を請求したりした。「外国汽船内捜査」は1889年（明治22）～1892年（明治25）まで続けられた。

これでは外国の汽船も迷惑だし、埒《らち》があかないと、警察は県内の全警察署・分署を挙げて「誘拐密航婦、密航者」の検挙にのり出し、密航者と密航諭止者※の数と本籍県名や20歳未満か以上かの男女別人数を調査し始めた。

巡査の見張りも強化され、長崎駅からの乗車もままならず、からゆきさんを運ぶための汽船待ちも悪天候で思うようにならなかったが、女衒たちはそれにもめげず、続々と海外密航婦を送りだした。水上警察署の臨検が厳しくなると、長崎駅や浦上駅から門司へ行き、門司港からの密航が増えるというふうで、からゆきさんの輸出は減らなかった。

石炭庫に潜んだことで、密航婦と女衒たちはとんでもない事態を引き起こした。とりわけ1890年（明治23）の「伏木丸事件」は最たるものだった。

3月26日香港に入港の日本の郵船会社の汽船で、密航者12人が鍵のかかったままの血で汚れた石炭庫で発見され、8人は窒息死、残り4人は瀕死の状態だった。庫内は鉄の扉で密閉されていた。石炭庫は隣接する火室と炉の熱を吸収してかまどのように

※密航諭止者：密航を発見され、目的を遂げられなかった者

なり、室温の上昇で女性７人と女衒は窒息して痙攣を起こし鼻血にまみれた。生き延びた４人は、ひからびた死体の上に折り重なって倒れていた。「東京新報」１８９０年（明治23）４月６日（要旨）

この事件は驚愕をもって人々に伝わり、石炭庫に潜伏する危険をさけて、船の舳先《へさき》（前）や艫《とも》（後）部に潜伏するなど工夫がなされたようだが、石炭庫に潜伏するのが一番簡単だと石炭庫はその後も利用された。

「東京日日新聞」１８９１年（明治24）５月22日

去月12日、長崎より出帆の三菱会社傭船、英国汽船リウワステール号で25名の醜業婦女が香港へ入港したと報じている。首謀者５人のうち２人は便船で長崎に引き返し、同船の回航を待ち受け、さらに婦女を搭載する計画だった。

〈近頃の密航者は多くは石炭運漕船のごときものにて渡航せしめ、また汽船に乗り込むには出帆間際に於いてせず、かえって汽船着港の際、雑踏に紛れて船内に潜ませそのまま出帆するという。その狡猾手段驚くべし。また悪《にく》むべき事どもなり〉

渡りをつけた外国の石炭運漕汽船のピストン輸送でからゆきさんたちを次々と送り込み、搬送先の海外の港で彼女たちを受取り、中継旅館で売買を取り付け、さらなる南洋各地へと彼女たちをばら撒く、女衒集団の生業にはそれほどの需要と供給の関係が成立していたのだ。

では密航婦が陸路でシベリアに入るにはどうしたのだろうか、『廃娼運動』（※15）によると、

シベリアへは、日本内地から大連または釜山経由で長春、ハルビンまではパスポートは不要で、ハルビンからシベリア地方に入国するには、ロシアと中国の国境のボクラニーチチャ駅の税関でパスポートが必要となる。手配師がからゆきさんを無事ハルビンに到着させると、シベリア各地の遊廓に「新荷何個着」と打電する。電報を受けた遊廓の主人または代理人は、人数分のパスポートを用意してハルビンに赴くという段取りだ。（要旨）

よくあることだが、古いパスポートが売買されているのだ。

外務省訓令第一号

日本政府も海外へ渡る日本婦人を見過ごすこともできず、諸外国への体面からも、議会で「海外醜業婦　外国ニ於ケル日本婦女保護法案」が、1891年（明治24）2月28日に提出された。これは5ケ条からなり、女衒たち、女たち、それに協力した者たちの処罰が規定されていた。しかしこの法案はたった一週間後の3月7日に撤回され、国情からとして黙認を決めこんだ。

その後1893年（明治26）2月3日付で「外務省訓令第一号」が出されたので、全文を載せてみる。（『娼婦　海外流浪記』※13）

〈近年不良ノ徒、各地ヲ徘徊シ、甘言ヲモッテ海外ノ事情ニウトキ婦女ヲ誘惑シ、ツイニ種々ノ方法ニヨリテ海外ニ渡航セシメ、渡航ノ後ハ正業ニツカシムルコトヲナサズ、却ッテコレヲ強迫シテ醜業ヲ営マシメ、モシクハ多少ノ金銭ヲムサボリテ他人ニ交付スル者アリ、コレガタメ海外ニオイテイウニ忍ビザルノ困難ニ陥ル婦女オイオイ増加シ、在外公館ニオイテ救護ヲ努ムトイエドモ、アルイハ遠隔ノ地ニアリテ、ソノ所在ヲ知ルニ由ナク、困難ニ陥レル婦女モマタ、種々ノ障碍ノタメニ、ソノ事情ヲ出訴スルコト能ワザル者多シ、ヨッテコレラ誘惑、渡航ノ

途ヲ杜絶シ、カツ婦女ヲシテ紊《みだ》リニ渡航ヲ企図セシメザルヨウ取計ウベシ〉

外務省の訓令は、まさに海外への婦女誘拐密航による数の多さと、その弊害の現状を危惧し、シンガポール、香港、上海を中継地とする女衒たちの暗躍に警鐘を鳴らしている。「東洋日の出新聞」にも警告記事「娘持つ父兄は注意せよ」「誘拐少女の保護願い」「娘の旅券で密航誘拐」などが頻繁に載せられた。が、根本的な政策がとられることはなかった。

日本一の恥さらし　長崎県人に警告

「恥さらしの数の減らしたさに、貴重の紙面を汚して本県人に警告をする」とシンガポールの駐在本邦領事館の書記である大賀亀吉が「東洋日の出新聞」に、1902年（明治35）10月11日付で次のように警告を出している。

〈◎日本一の恥さらし

外務省への通報に、同地清国人ウイリアム・エヴァンス氏より、本邦醜業婦の事で再三照会が入る。ソレは、日本航路の船舶が入港するごとに、必ず、

十四、五名乃至《ないし》二十名以上の醜業婦が入り込み、直に南洋諸島に行く者もあるが、同地に於て女郎屋に身を売る者も少なくない。その価格は一人五、六百弗と高価だが、悉《ことごと》く誘拐者に奪われてしまう。これらの醜業婦は内地同様、女郎屋が公許されているので、一々同局の認許を受けるのだが、サテ悉く自分の意思で斯《かか》る醜業婦になるのかと訊《ただ》してみると十中八、九は皆騙されて来て、拠《よんどこ》ろなく身を汚《けが》すので、どこまでも誘拐者の意に従わぬものは、内地に送り還す手続までもしてくれたそうだ。

　如何にも日本の恥さらしだから、厳重に取締ってくれろというのだが、その恥さらし連の中で長崎人が最多数とは、取りもなおさず長崎が日本一の恥さらしなので、同地には日本人の女郎屋が八十三軒、娼妓六百十一人居るその中、百八十七人は長崎県人で、その次が熊本で九十六人、山口県が二十九人、福岡二十七人等が多い方だ。然らば悉く長崎から密航するかというに、ソーではない。

　近頃は主に門司、馬関からだ…（略）〉

「恥さらしな女の三人に一人は長崎人」ということだが、貧しい暮らしに加え、下駄履きで上海にでかける長崎人の気風と、長崎県人の女衒の親分・子分の密な連携が物を言って、大量に娘たちを掬い上げた結果といえるだろう。

第3章

花街（ステレツ）の全盛と隠された悲惨な事実

外国行きの船でにぎわうむかしの長崎港

日清戦争から日露戦争へ
パニックに陥った居留民

１８９４年（明治27）２月、朝鮮で反乱が起こり清国と日本は派兵し、８月１日両国は宣戦布告に至った。これが日清戦争で、宗主国とする清にはとても勝てないと思われていた日本が勝利し、翌年４月下関で日清講和条約が結ばれたが、６日後満州の利権を狙うロシアが、フランスとドイツに働きかけ、遼東半島の返還を日本に求めてきた。講和条約で認められた遼東半島の割譲は、列強三国による返還勧告をうけ、日本は返還に同意せざるを得なかった。

翌年ロシアは東清鉄道敷設権を獲得、さらに2年後の１８９８年（明治31）、日本が返還した遼東半島の旅順と大連の租借権を得た。満州さらに朝鮮へ進出をはかるロシアに、日本は軍事的脅威をおぼえ、１９０４年（明治37）２月６日国交断絶を通告し、８日、日本は日露戦争に突き進んだ。

ウラジボストクの居留民たちは、戦争にならないと思っていたが、いきなり引き揚げ命令をだされパニックに陥った。当時のウラジボストクの状況を「東洋日の出新聞」は次のように伝えている。浦港はウラジボストク港のことだ。

１９０４年（明治37）２月７日

〈浦港避難者の来着（浦塩方面の新音）露国東清鉄道会社の汽船シルカ号、昨朝八時浦港より入港、避難邦人約百名〉

〈△避難せる所以　本月二日夜、浦港要塞司令官が川上貿易事務官に、同港に戒厳令を布《し》くに至り、迅速に居留の邦人を引揚げるよう、その後も在留せむと欲する者は悉くハバロフスクに引揚げしめられたしの通知あり。同夜一時をもって居留民総代十四名召集協議。婦人、子供等を、シルカ号の出帆ありしを以て、女子六十二名、子供十一人、男子二十七人を正午を以て同港を出発せり〉

〈△残余の居留民、旅券を所持している者、浦港に三千人、内地に約二千人、無券にて渡航の者も殆ど同数位だろうというもの。横浜のドックで修繕を終わりたる後、義勇的居留邦人の引揚げに供する英汽船アフリッヂ号、本月一日を以て入港したるので、同船にて引揚げることにし、一昨五日か六日を以て同港を抜錨し、越前敦賀に直航し、再び引返して浦港に向う。運賃通常七円を五円に減じ、差支える者は無賃で〉

また露軍から娼妓を残すように要請されたが断ったという。

〈△内地の居留者、△醜業婦　ハバロフスクに入り込む。浦港に居留せる醜業婦のある者は、この際一儲けせんとて踏止まり、ハバロフスクに行く者もあり〉

1904年（明治37）2月10日　敦賀港発電

〈日本人二千五百名は昨日（8日）午後アフリッヂ号にて無事帰着。浦港にて露国人暴行掠奪を逞しゅうし、非常の惨状を極め漸《ようや》く引揚げ得たりという〉

同年　2月16日　15日午後4時　門司発

〈最後の浦塩引揚げ一千五百人　ドイツ船バタビア号にて本日到着せり〉

では、ハルビン、満州、大連、旅順などからの引揚げはどうだったのか。

「東洋日の出新聞」1904年（明治37）2月2日　満州の最近情

〈避難者の来着　東清鉄道会社の汽船アムール号は、一日午後零時半、ダルニー（大連）より長崎港に到着。旅順、ダルニーの各地より避難の本邦人百三十余人、多くはダルニーよりも旅順、ハルビン等より来れる者〉

（同）2月15日

〈ダルニー、旅順の在留邦人、最後の引揚げ　二百八十名〉

（同）　2月17日

〈旅順最後の引揚者、港外に出るを得ず。邦人二百余名の消息不明、旅順、ダルニー地方在留邦人。一部は去る八日旅順出港ノール号にて、一部は同日旅順出港九日ダルニー経由の福州号で芝罘から帰国〉

（同）　2月18日

〈在満州日本人は悉く旅順口に送致〉

（同）　2月21日　旅順残留邦人の引揚げ詳報

〈十三日ハルビンよりの避難民百三人到着。三百余人　十五日朝芝罘着、温州号にて帰国〉

（同）　2月27日

〈新たなる満州引揚げ者　三百三十三名、二十四日芝罘着、内二百五十名即刻長崎へ〉

ハルビンからの引揚げにも、2月3日の夜、ウラジボストクに向けて、日本人会による引揚げ列車が用意されたので、ウラジボストクからの帰国者は、東清鉄道会社の汽船シルカ号で約百人、英国汽船アフリッヂ号で約2千5百人、ドイツ汽船バタビア号で千5百人の、計約4千百人となる。その他からの帰国者は千2百人ほどだ。
引揚げに間に合わなかった約7百人は『娼婦　海外流浪記』（※13）によると、チタやネルチンスクやその他最寄りの土地で牢屋にぶち込まれ、ひどい虐待を受けたというが、ともかく集められて10月にハンブルグを経て、ドイツ船で12月に長崎港に帰り着いた。これについては「東洋日の出新聞」に短く報道されている。
「東洋日の出新聞」1904年（明治37）10月24日
〈避難日本人出発　ベルリン発　軍報
露国避難日本人　七百名　二十一日に日本に向け出発　見送人非常に多し〉
「見送人非常に多し」の言葉に故郷の人々は心癒されたことだろう。
この年約6千人が帰国した。
一方、戦争と知ってシベリアから満州、ハルビンに逃げ込んだからゆきさんもいた。稼ぐために来たという意識が強い女性ほど、生き延びるすべを考えたはずだ。
「東洋日の出新聞」1904年（明治37）3月20日
〈牛荘（ニューチャン・現営口）新帰来者の談

引揚げ民中には多くの醜業者あり。彼らは山海関に止まりて営業を開始したき希望を有せし様なりしが、それでは折角規律整然たる軍紀の風紀を害する憂あれば、領事は許可せず引揚げしめたり。牛荘へは引揚げ後、七、八時間にして露国の歩騎兵千計り来たり、今は七、八千も居るという〉

日露戦争終結直後の　外国汽船による大量の密航

ほとんどの居留民が引揚げたというのに、日露戦争が1905年（明治38）9月5日の講和条約成立により終結するのを待っていたかのような2件の大量密航事件が摘発された。

「東洋日の出新聞」1905年（明治38）9月2日

◎四十九名の密航婦おさえられる

先月27日夜、シンガポールへ向け南高来郡口之津港を出港した英国汽船サイラ号が五島沖合を航行中、同船長が思いがけず船底に多数の密航日本婦女が潜伏しているのを発見、大騒ぎになりわざわざ口之津港に回航してきた。口之津分署に急報して船底を取り調べると、意外にも49名という多数の密航婦女が潜伏していて、暗闇の船底に蠢《うごめ》いていたという。

この事件は誘拐者がサイラ号の乗組員の清人と結託し、その清人の部屋の床板を剥ぎ、その下の暗室に入れたというものだ。新聞の記事によると、所番地、氏名、年齢が公表されているが、長崎市内7名、西彼杵郡茂木村5名、南高来郡11名、北高来郡9名、天草郡14名　佐賀、宮崎、鹿児島各1名（要旨）

密航婦49名中、長崎県が32名、天草郡が14名と、ほとんどが長崎・天草人だ。年齢は　16～17歳　5人、18～20歳　31人で、49名中　36人が20歳以下であり、全体の7割に当たる数字に恐ろしさを感じる。

今一つは門司港からの密航で一カ月後だ。

「東洋日の出新聞」1905年（明治38）10月11日

◎四十八名の密航婦　門司より香港に誘拐されんとす

本月8日正午、門司港を出帆した三井物産会社の借船　ノルウェー汽船トルマ号は、六連島より約60海里を進行中、同船長フカードヤゲル氏は甲板上に日本婦人を見つけ直ぐに取り調べると、48名の密航婦と誘拐者男8名が船底に潜伏しているのを発見した。これについて一等水夫、南京人アションが船長に、香港に着けば報酬を4千弗支払うと出港を促したが、船長は断固拒否、六連島に引き返し、下関水上署の警官の出張を待ち引き渡した。船長は本船出航延引のため5百弗を請求したという。（要旨）

この事件で長崎婦人についての調べによると、48名中19名で4割に当たる。長崎婦人19名中、市内6人、南高来郡3人、佐世保5人、西彼1人、北高来郡3人、五島1人で、15～17歳　9人、18～20歳　5人と、19人中14人が20歳以下だった。これも7割にあたる。ここには先の49名の密航婦と重複する人物はいない。

これだけ大掛かりな密航で、密航婦の年齢が20歳以下が7割という数字に異常さを感じるのは筆者だけだろうか。やはり香港、シンガポールに張られたネット組織の親分の采配としか思えない。引揚げでからゆきさんの姿が消えた所に、我れ先に押しかける魂胆だったのだろうか。

まだ分別のつかない少女を輸出して、どこにばら撒くつもりなのか、信じられないことだ。長崎・天草の少女たちの悲劇に怒りを覚える。

さらに衝撃をあたえる記事がある。

「東洋日の出新聞」１９０６年（明治39）1月10日
◎天草島は密航婦誘拐者の梁山泊《りょうざんぱく》（集合する所）特に密航船を新造す
　昨年11月、熊本県天草郡鬼池村海岸に繋留された、密航誘拐船を天草警察が取り押さえた。密航婦誘拐を職業とする7名が共謀で、帆船に修繕を加えて、密航船に改造していたのだ。金主は女衒の大親分伊田某、３６０円を１３０トンの帆船の持ち主　天草生まれ山崎某に渡し、数十日の長途の航海に堪えるよう堅牢な造作を加え、約百人分の糧米26俵、副食及び薪木を貯え、力ずくで誘拐してきた娘たち17名を、天草在の子分の家に潜匿し、修繕が終わると船に閉じ込めていたという。（要旨）
誘拐者7人は　長崎市古川町　伊田某（38）、北高来郡諫早町　山口某（30）西彼杵郡茂木村　川崎某（35）、天草出身　山崎某、天草出身　中川某、住所不定　岩永某、巡査上がり　中村某（某県に就職中ともいう）。
娘たち17名中、長崎県下は13名で、市内大浦町　ユキ（17）、浪の平　スエ（17）、西彼杵郡茂木村　タエ（18）、キミ（16）、モエ（18）、南高来郡南有馬村　ハツ（18）、南串山村　トモ（18）、堂崎村　カエ（18）三会村　ユキ（18）、北高来郡真津山村

スミ（20）、タキ（16）、フミ（18）、ヤエ（20）。（仮名）

県下13名中、11名が20歳未満で、20歳が2名だった。年齢のこだわりがみえる。

首謀者伊田某は女衒の大親分で38歳。密航船を自前で新造すれば、外国汽船に渡りをつける手間も、長崎港や口之津港や門司港で水上警察の臨検を受ける危険もないし、やり放題、儲け放題だろう。いかに安全に確実に大量の娘たちを売りさばけるかということしか考えていなかったのだろう。

密造船を天草警察の手に押えられた女衒の親分・子分たちは、天草島が数百名にのぼる女を積み出しているため、十数名の女など物の数ではないとでも思っていたのだろうか。天草人、長崎人がここまでやるのかと信じられない思いの記事だ。

シンガポール　花街（ステレッツ）の賑わい

日露戦争（1904～1905年・明治37～38）に勝利したことで日本人が認められ、日の丸の国旗を翻した郵船が、シンガポールの港に寄港するようになると、血気にはやる日本の快男子が、続々と南洋経略の夢を見て押しかけた。いわゆる娘子軍の全盛時代となる1906年（明治39）、花街ステレツと女郎屋の繁盛振りがすごかった。この繁盛振りは『南洋の五十年』（※2）に次のようにあるのを、要旨で紹介してみる。

花街《ステレツ》とは、廓の一帯を呼んだもので、ストリートの訛ったものとされ、シンガポールの色街を指す。その全盛は日露戦争直後であっただろう。7百人に近い娘が店張着のハデを競い、カキリマルバンコ（縁台）を持ち出し、黄色い声を振り絞って盛んに客を呼び込んでいた。白人娼家も軒をつらね、手風琴の騒音に足どりもたどたどしく、夜の更けるまでマドロス連の唄声とダンスの音で賑わっていた。

蘭領も、ジャワ、スマトラ、ボルネオと到るところに邦人の貸し座敷が公許され、全盛を極めていたし、米領となったマニラも日本娘を歓迎し、いくら娘を連れて来ても足りなかった。豪州のブルームまでも出かけていた誘拐団の活躍は、想像するのに難くないし、故郷に月々70～80円ずつ送る娘はザラだったとある。

『物価の世相100年』（※16）によると、1905年（明治38）の個人消費支出は一人当たり年114円95銭、月9円58銭とあり、ステレツの全盛期なら、月70～80円送る娘がザラというのも有り得る額であり、娘たちの送金は小さな村ではその話題で持切りとなり、若い娘たちの気持ちも傾くだろう。そこに女衒が現れ連れ出す。こうしてからゆきさんはどんどん補充され供給される。

一方、日露戦争でシベリアやウラジボストクから引揚げたからゆきさんたちの何人かは、故郷に帰っても自分の送金で建てられた家に居場所もなく、手持ちの金がなくなると、次は自身が女衒となって、ゴム園での仕事と騙し、髪結いの手伝いだと言って村の娘を連れ出しにかかった。海外でしか大金を得られないと知っているので、説得力があった。

密航で渡ったものの帰る当てのない女たちは、夜な夜な丸山や出雲町の遊廓に近い、館内や十善寺町にたむろして客を引きはじめ、警察の取締まりが一段と強化される事態となっていた。働く場を奪われた女たちは、再び密航誘拐の女衒の手を経て、多くは門司港からシンガポール、香港へと渡り、南洋へと流れ込んだ。

16、17歳で海外へ渡ったからゆきさんたちは、5年もたつと分別もつき、自身の境遇を考えるようになる。そうして多くのからゆきさんが、馴染みの西欧人やロシア人、支那（中国）人たちに身受けされ、結婚もできたし、ラシャメン（洋妾）となって浮草の生活に見切りをつけ、生きるための縁を手に入れバランスを保った。ことに支那人との縁が多かったのは、日本人と似た容姿が心の隙間を埋めたのだろうか。

ところが、生きるために土着民に身受けされた何人かの女たちは、奥地の村で孤立し、日本語も忘れ、死後の墓の所在も分からないままとなっていく。痛ましいことだ。

北ボルネオの実情

佐賀県佐賀郡西川副村《にしかわぞえむら》にある西明寺の、長崎市内出張所に駐錫《ちゅうしゃく》していた岩田義照師が、同胞慰問と布教の目的で、1911年（明治44）11月に北ボルネオを訪れている。ボルネオ島は当時北ボルネオが英領、南ボルネオが蘭領となっていたが、師は長崎、熊本、佐賀県人が多い北ボルネオを訪れ慰問したいという願望を以前から持ち、それを実現した際に、村々の実情を報告している。11月1日長崎出航、香港着11月8日、11月18日ボルネオ号で香港出航23日クーダツ着。香港から5日間の船旅だった。「東洋日の出新聞」に掲載された当時の記事をまとめてみる。

〈1912年（明治45）4月2日の記事より〉

クーダツ

農業と漁業の日本の荒村のようで、魚は日本と同じでカマスが多い。商業は支那人が掌握、土人は素足、英人官吏3人は靴を履いていて、官吏、土人の識別法になる。日本人の遊女屋あり。在留日本人7名、全て女子で天草郡某村の生まれ。7名の内2名支那人の妾、5人は娘子隊。

3日間この遊女屋で船待ち。彼女たちは土化していて食事を5本指で食べ、「日本人は5本指の味を知るまい」と冷笑する。客を呼ぶのに、日本の流行歌〝マガイイ（間がいい）ソング〟の歌詞「なんて間がいいんでしょう」を絶叫する。

※「なんて間がいいんでしょう」は、明治42〜43年に日本で流行った流行歌〝マガイイソング〟で、歌詞は次のようなものが唄われた。

酒は正宗　芸者は萬竜　唄は流行《はやり》の間がいいソング　何て間がいいんでしょう

嫌だ嫌だよハイカラさんは嫌だ　頭の真ん中に　さざえの壺焼き　何て間がいいんでしょう

止めた思いが天まで届き　居続けさすよに　降る今朝の雨　何て間がいいんでしょう

同村出身者である彼女たちとの五本指についての会話は、傍らで眺める誰もが実際に会話を交わしたような印象を残す。それは、彼女たちの「日本人は」は、海外に出た者にしか言えないニュアンスをもっているからで、故郷を封印する勢いとは少し違う。世の中をみた彼女たちは、同郷のよしみで「5本指の味」を共に味わい「何て間がいいんでしょう」と絶叫することで生き抜いたのだろう。

ボホッ村

日本人20名　内男2　主婦2　例の婦人9　老婆1　小児1　英人の妾2　支那人の妾3名で、長崎2名　和歌山2名　鹿児島1名　他は天草人だという。ここでは箸で食べている。婦人の案内で同胞の墓参りをするが、雑草で覆われる山の中にある女性のお墓には、長崎県諫早の人、広島県人、とのみ見える。

タナム村

煙草製造会社（私営）あり。50戸。商業は支那人独占、在留邦人3名（例の婦人）、長崎、佐賀県人内1名は支那人妾。

ワンパク村

15戸のみ。長崎3　福井3　和歌山6、男子3名は英人のボーイ、女2名は支那人、インド人の妾　残余は例の婦人。

パーパル村

14戸のみ。佐賀生まれ1名、婦人で支那人の妾。
ゼリストン
300戸。在留邦人男女27名、内男7名　支那人の使用人、女9名　支那人の妾、2名　英人の妾、1名　インド人の妾。県別は熊本7、長崎6、佐賀1、福岡5、和歌山4、徳島1名。　男子は菓子製造、漁業、理髪師。
※男子の職種は女衒たちの隠れ蓑として当時よく使われていたもの
〈1912年（明治45）4月7日の記事より〉
ゼリストンで墓参
日本人の指定埋葬地から移葬された5基の内、天草人女性の1基が不明だという。
サンダカン
在留邦人の一班　男女72名　男20名　醜業婦15名　英人、支那人の妾13名　無職の婦人15名　男子は醜業婦の女衒で無頼漢なので、遊女屋は警戒が厳重。
ラハザト村
日本人男6名（外人のボーイ）、女9名　内支那人の妾4名　インド人妾2名
出身地　東京、広島、長崎、福岡　各1名　和歌山4名　天草7名

死没者　男３人　女４人　埋葬地　不明

タオル村

人家40戸　邦人６名在留　（長崎３名　天草２　神戸１名）

６名とも外妾　土着人３名　英人２名　支那人１名

死没者　男７名　女３名　氏名・墓地不明

スリポポン村

人家16戸　石炭の産地で３百人の苦力《クリー》を使役。

在留邦人　８名　すべて女で例の婦人、内土着民の妾２名　支那人の妾１名、残５名の内　１名主婦、４名は苦力のために公娼許可、家賃はタダ、夜間は、巡査の警戒を受ける。

※北ボルネオ全部を通じて、邦人の男子は９分まで和歌山県人、婦人は７分まで天草人なりとあり。男子の和歌山県人はフィリピンへ移民のために来た者たちと思われ、香港からフィリピンへは検査があり移民が難しく、サンダカン経由だと検査なしで入りやすかったからではないかという。

小規模の村々に撒き置かれたからゆきさんのお墓は、何基にのぼるのだろうか。

少しでも手がかりがあるのなら、一時も早く捜してあげて慰霊してあげたいと思う。

売り飛ばす手段　＆　謎の探検家　菅野力夫の話

ここに一つの記事がある。見過ごせないので、そのままで伝えたい。

売り飛ばす手段

「東洋日の出新聞」１９１３年・大正2・4月28日

〈安南（ベトナム）も日本嬢の割拠地である。香港あたりより流れて来たバッテン嬢多し。トンキン、ハノイ、ハイホンよりクワイゲン、サイゴンと順を追い、カンボジアよりシャムまでがいわゆる戦線である。そして一衣帯水のマレー半島に進軍するのが普通の道順。亡八連《ぼうはちれん》（遊女屋の主人）の手にて自由に売り飛ばすことの出来なくなるや、支那人は教唆《きょうさ》（教えそそのかすこと）して金の力にて受出さしむるのである。

而《しこう》して（そうして）公然結婚届けをなさしむる。一度海峡植民地の人民となれば日本領事などの手には掛らなくなる。となると如何なる遠方の土地も一通の暗号電報にて売買成立。かくして売られた者は北チベット、ビルマ、南はニューギニアの某なるトーレス海峡のあたりに売り出され、数年間の憂勤に身体を崩し、終に南洋の一孤島に不帰の鬼となり、香花一ツ手向けるものなく、夢魂幾度か何千マイルの海山を越え故国に通ひ来る事もあらん。斯《かか》る（このような）最期を遂げしもの幾十人なるを知らず〉

一度海峡植民地の人民になると、一通の暗号電報で売買成立、日本領事などの手には掛らなくなるという。本当にこんなことがあるのだろうか。身体が震える。長崎や天草出身の女衒の大親分たちは考えたこともなかったというのだろうか、それとも承知の上だったのか。売られた娘たちは、国境を越える恐ろしさなど知るはずもなく、ただ同胞が一緒であることが唯一の救いだった。

謎の探検家　菅野力夫の話

当時のからゆきさんとのいきさつを伝えた本があるので、それも紹介してみたい。

シンガポールから蘭領のスマトラ島に渡り、ビルマ、インドと世界探検旅行をした

『謎の探検家菅野力夫』（※17）の中に、1913年（大正2）4月スマトラ島のアチェ州の山中、コーラシパンというところでの出来事が書かれている。

コーラシパンには日本人写真師一人、女郎屋に日本娘数十人がいて、他はほとんど支那人だという。女郎屋の客の支那人と日本娘が金のことで喧嘩になり、日本娘が殴られ菅野と写真師が加勢したことで、相手も支那人を呼び寄せ大喧嘩になりオランダ政府に拘引された。裁判にかけられたところ、アチェで成功していた日本人の任侠婦人が5ルピーの罰金を払ってくれて、すぐに釈放されたという。

さらに12月インドからベルジスタン（パキスタン）に入ろうとして、軍事探偵と誤認され陸軍監獄へ。この時も近くのクイタに住む、長崎県人で30年もインド各地を経回し、今は英人の妻である婦人が助けてくれたという。

二回目の探検旅行でウラジボストクからニコリスク、ハバロフスク、チタ、満州、ハルビン、長春、吉林、旅順、大連、青島から長崎へと帰り着いた菅野は、1915年（大正4）7月13日の「東洋日の出新聞」の取材に、クイタでの一件を、「日本婦人4人より日本人なることを証明され、解放された」と話し、「この日本婦人4人は未だ明治天皇の崩御を知らず、11月3日天長節の祝賀の式を挙げていた」と話している。

4人の日本婦人が、日本から遠く離れた異国の村に確かに住んでいて、祖国のために祝い、一人の日本人の救助に懸命になってくれたことは、何よりも彼女たちが根を持って生きている証拠ではないか。からゆきさんたちの身の上を案じる故郷の人たちは、どんな思いでこの記事を見たであろうか。しっかりと日本人で生きている娘たちを思い、無事で帰る日をただ祈るのみだったであろう。

支那（中国）化した日本婦人

「東洋日の出新聞」1918年（大正7）11月14日

支那福建省の南位の海辺の福清半島方面で、同半島の沈没船引揚げ工事に邦人職工が呼び入れられ、同地方の状況を知ることになったことから、からゆきさんの悲惨な事実が発覚した。

それは高山《コウザン》市以南の大小13部落で、日本から誘拐され妾として牛馬の如く使役されている日本婦人15名を発見したことからだった。

渡航後1年内外の者も、8～9年もなり支那人との間に数名の子どもを持つ者もいて、多くは粗末な耳環を垂れ、裸足で支那服を着て、支那風に結髪、足の大なること（纒足していない）と、日本より携帯してきた竪縞飛白《たてじまかすり》などを支那服に仕立て直して着ているので、漸くそれと推しはかれるのだ。食料は蕃薯《ばんしょ》（サツマイモ）その他粗食で、血色悪く元気もない。

経路は呉服類を行商する支那人の甘言に乗せられ日本を離れ、この辺りの片田舎に連れ込まれ、野良仕事、炊事、牛馬の如く、あたかも台湾の査媒嫺《さぼうかん》（幼女を買い受け一種の人身売買をする制度で、日本統治下でも残っていた台湾の旧弊）のように酷使され、妾生活を強いられていた。（要旨）

福清地方より日本に行商する支那人は、帰国に際し使役に都合がよく、送金を必要としない邦人婦女を誘拐することを慣習事とし、4～5歳の幼児を同伴させ養女として育て、他所に転売することもあるという。3百部落だと2百人以上の邦人婦女が存在すると思われた。邦人女性の誘拐が慣習事とは驚くが、台湾の旧弊から考えて、福清地方は台湾海峡をはさんだ対岸だから、部族間のよく似た慣習事とも考えられる。

しかし『村岡伊平治自伝』（※8）によると、1887年（明治20）には、もう福建省の福清地方の厦門《アモイ》の奥地で支那人に買い取られ、賭博の資本金にするため支那人に監禁されている大勢の邦人女性の存在が判明しており、厦門経由で娘たちを上陸させた日本人女衒たちがいたのだから、これは彼女たちを見捨てた政府の責任としか言いようがない。30年もの間に何人の娘たちが慣習事として売買され闇に葬られ、命を落としたのだろうか。

後日の虐待を恐れ、身の上を話さない者もいて、救助され福州領事館の保護下にある女性は、たった３人でしかなかった。彼女たちは支那人の所有物なので、救助も簡単ではなかったのだろうか。

３人は、１年前から監禁されていた京都市のキミ（20歳）、５年前からの愛媛県西宇和郡シヅ（27歳）、８年前からの福井県大野郡サト（37歳）。（いずれも仮名）

確かに当時の南洋訪問の資料を読むと、南洋の奥地に邦人女性を見つけ、連れ帰ろうと話しかけても、日本語を忘れていたり、逃げ出し隠れてしまうとある。何故だろうと思っていたが、日本の保護の届かない奥地では、諦め切った受け身の期間が長ければ長いほど、今すぐの帰国は現実味のないものだったし、日本語で話す相手がいないと言葉もすぐに出てこないだろう。見つけた邦人女性への時間をかけた保護目的がなければ難しく、説得する時間がないのではどうすることもできなかっただろう。

第4章

からゆきさん追放

大正時代と思われる長崎港の絵はがき

シンガポール英政庁の英断
ピンプ（女衒）とからゆきさん追放

1913年（大正2）の暮、シンガポールの英政庁は、白人娼婦の一斉退去命令をだし、娼婦たちは最も近い領事館の所在地まで送還された。これは日本人ピンプ（女衒）追放を促し、日本の遊廓の一掃をも狙ったものだった。

その時の様子は『南洋の五十年』（※2）によると次のようなものだ。

英領の法規は男子の女郎屋営業を禁じ、裏面での関係も許さないとして1914年（大正3）4月早朝、英領事特別命令の刑事が邦人遊廓を襲撃し、ピンプの頭目4名を捕縛した。一人は逃走、3名は逮捕され監獄に入れられた。ゴム園主、歯科医、雑貨店主だと表面をつくろっていた3名の投獄で、同類の多くの男たちが姿を隠したが、退去するなら投獄せずとのことで、約40名のピンプが正面、横、背面の写真を撮られ、英領土から追放された。この事件はすぐにマレー半島各地に伝わり、関係者は恐怖に怯えた。さらにシンガポールでは以後新たに娼妓の鑑札を下付しないとなった。（要旨）

これはピンプたちが上海、香港、シンガポールを拠点に張り巡らした、からゆきさんの輸入路を断つのが狙いだろう。それほど日本のピンプによる娼婦の進出には、目に余るものがあったのだろう。その上多くの悪質な女衒たちに、10年間の退去命令が出されたのだ。

しかし、それも冷静に考えると、この年8月に英国はドイツに宣戦布告し、同盟側（ドイツ・オーストリ・トルコ・ブルガリア）と協商側（英・仏・露・イタリア・ベルギー・日本・米・中国など）の対立から起こった世界的規模の第一次世界大戦（1914年7月～1918年11月）に踏み込んだことにつながる。植民地の機能を高める狙いがあったはずで、英領土は戦争にむけて機能し始めたのだ。

マニラ米政庁の英断

東洋第一の邦人遊廓　ガルデニアの解散命令

大戦が終結する直前の1918年（大正7）10月16日朝、米領マニラにある日本の遊廓ガルデニアが、米政庁により24時間以内の解散を命じられた。

「東洋日の出新聞」1918年（大正7）10月26日

マニラ米政庁は軍人百名、巡査50名を繰り出し厳重警戒の上で、日本の遊廓ガルデニアの24時間以内の解散と、目下碇泊中の南京号で、約百名の娘全部を日本へ送還することを厳命した。

これを聞いた廓内の女将たちは寝耳に水と驚き、早速領事館に交渉し、結果23日出帆の鹿島丸で全部と決定し、女将たちは居残り後始末をすることとなった。東洋一の同遊廓で稼ぐ日本娘は莫大な収入があり、一か月の収入は8百円から千円以上で、2～3万円の貯金をする者が多いと噂されていたが、実際は現金や預金でないため、纏まった現金を持って帰れる娘は比較的少なかったという。（要旨）

※現金や預金でないのは、多くは他の方面に融通をつけているので、唐突の際には集める猶予がない。『廃娼運動』（※15）に、第一次世界大戦以前は、邦人の事業資金を邦人の貸座敷業者に頼っていたとあるので、出資や講の類か。

この年米国もシベリアへ出兵していて戦時気分も緊張度が上がっていたのだろう。フィリピン人の唯一の娯楽機関であるダンスホールも先月閉鎖、それも24時間内にキチンとかたをつけること。軍人、官吏はレストランでの飲酒も禁止。女郎上がりのジャパニーズマッサージの店も解散させられた。

記事には、米政庁の果断なる処分に、邦人の学ぶべき所があるとあり、うなずけるが、からゆきさんたちにとって、蓄えが持ち帰れないのは大変な打撃だったに違いない。

この時のからゆきさんたちの様子は新聞にみえる。

「東洋日の出新聞」1918年（大正7）11月6日
◎日本娘送還される
10月30日　先発の21名、郵船香取丸便にて送還されるが、内3名が長崎港で上陸、同船の他の18名は上海寄港の際、上陸して今後の処置について一応の打合わせをしたらしく、一昨日4日入港の次便の郵船山城丸に便乗してきたが、内13名は長崎港に上陸、他の5名は門司より上陸して各原籍地に向かった。（要旨）
長崎県出身は長崎市内4名、西彼杵郡1名、南高来郡1名、北高来郡1名、年齢は19〜34歳で平均26歳、渡航後の滞在期間は、記載のある13名からみて1〜20年、平均は8年で半数が10年以上だった。

「東洋日の出新聞」　同年　11月７日

◎日本娘憤慨

第２隊　42名は６日に門司着、長崎県出身22名の内、市内９名、西彼杵郡５名、南高来郡５名、北高来郡３名だ。

からゆきさんたちは「今回の送還は全く領事館の無能から、マニラ米政庁にペテンにかけられた結果であり、監獄の囚人を送るような幌馬車15～16台に、否応なしに片っ端から鮨詰めにして、海岸に送られた」と憤慨し、この仕打ちに「三井だとか、太田とかいう大きな商売人連中が、日本の体面を汚すと領事に忠告、領事もその気になっているこことを、機敏なるアメリカ人が聞いて、彼らを追い出すのは今だと、こんな目にあった」と語っている。

但し、日本人の妻になれば帰らなくて良いというので、保証金５百円を提供して入籍の手続きをしているが、あちらの法律では出来ぬというので争ってみるといって、３人ほどが留まっているという。（要旨）

※太田とあるのは、１９０７年（明治40）５月にフィリピンの南部ミンダナオ島のダバオに、太田興業という会社を設立し、マニラ麻の栽培に成功した太田恭三郎（兵庫県出身　１８７６

〜1917）のことで、ダバオ開拓の父と呼ばれている。

ガルデニアの解散は実際は10日余り後の実施で、80名ほどが帰国したが、米政庁の圧力なくして容易に解けるものでなかったのも確かだ。日本政府は国情から廃娼を決断できないでいたからだ。彼女たちの送金を当てにしなければならない国の経済事情があったのだ。

ただ解散に当たって資産をしっかり持って帰れた者もあるが、裸一貫の者が多いというのは何とも可哀そうな話だ。

しかし、ここでからゆきさんたちが、しっかり抗議している姿がみえる。米政庁が日本人遊廓を潰したがっているのを知りながら、領事や大商人達は彼女たちの生命や財産を保護しようとしなかったと。

「機敏なアメリカ人」と、日本人を揶揄しているのも目にとまる。彼女たちは自身のアイデンティティーをしっかりと主張しているのだ。

シンガポール領事館　からゆきさんの自発的廃娼断行

1915年（大正4）1月、第一次世界大戦中に日本は支那（中国）に「対華二十一カ条」を要求した。日露戦争後の日本の権益に不満を持っていた日本政府は、日清戦争のときの轍を踏まないために、列強が戦争に気を取られている間に、支那に権益拡大を要求したものだ。

その結果、日本は対中関係を悪化させ、米英の不信を招いた。（『対華二十一カ条要求とは何だったのか』※18）

大戦で欧州雑貨の輸入が途絶え、日本の製品が輸入されはじめ、戦争開始とともに邦人が押しかけ日本人商店が激増した。三井、三菱、横浜正金銀行、台湾銀行、日本郵船、大阪商船、増田貿易、石原鉱業などがマレー半島に進出、大戦の需要を当てに、邦人ゴム園の栽培面積の拡大やゴム会社を新設した。

5年続いた大戦は、1918年（大正7）11月に休戦条約調印により終結をみたが、躍進をとげたマレー半島の日本経済は、誰もがまだ進展するものと思っていた。

ところが「対華二十一カ条」要求に反発していた東南アジア全土の華僑によって「日貨ボイコット運動」がはじまり、さらにゴム価の暴落と、1919年（大正8）暮れころから、景気逆転の兆しがみえ、すぐに不況時代を迎えた。

さらに長年の懸案だった廃娼問題も、国の体面上、断行に踏み切る時がきていた。シンガポール英政庁は、すでに欧州人娼婦を本国に送還しており、シンガポールのみならずマレー半島のすべての妓楼を廃止していたからだ。

1920年（大正9）正月、シンガポール総領事館管下各地の在留民代表が山崎総領事代理より召集され、シンガポールに集まり、断固年内に自発的廃娼を実行することを決議した。ピナンはすでに廃娼断行しており、シンガポールでもこの年の6月一杯で断然廃娼決行を声明し、2百余名の公娼を全部撤退させた。

『南洋の五十年』（※2）の中の『新嘉坡《シンガポール》総領事館日記抄』（商務書記生　島田静夫）に、〈大正九年六月末現在、娼婦数　九百七十名、十一月調査　シンガポール廃娼者数　百八十四名、その他地方を合わせて五百九十四名、残存者五百名〉と記載されている。

外務省、内務省は5月3日付で「廃娼帰国者保護」の通達を出したが、『廃娼運動』（※15）によると、その内容は、〈廃娼帰国者ニ対シテハ　此際相当安定ノ途ヲ得セシメ　再ヒ醜業ノ為海外ニ　渡航スルカ如キコト無之様保護取締方相肖御措置相成度〉というもので、

〈当時、シンガポールおよびマレイ半島各地のからゆきさんは、それぞれ百五十余名、千八百余名を数えた〉とある。

シンガポールのからゆきさんたちは、６月末の廃業を前にして、帰国したものか、他国の公娼許可地へ行こうか、と思案していたが、植民地当局の厳しい取締りもあり、私娼や妻として残る者もいたが、多くは帰国するか英領外の地へ流れていくしかなかった。支那人の日貨ボイコットで疲弊した上、極端な不景気に見舞われた半島での廃娼断行は、帰る当てのないからゆきさんたちを、さらに追い込んでしまった。

結果として、シンガポールに女郎屋は姿を消したが、マレー各地には公然と店が張られていたのである。

シベリア出兵と尼港《にこう》（ニコラエフスク）事変　そして撤兵

第一次世界大戦は１９１８年（大正７）11月に終息したが、連合軍（日本、英国、米国、フランス、イタリアなど）が、ロシア革命軍に囚われたチェコ軍団を救出するという大義名分で、シベリア出兵を決め、ロシア革命に対して干渉を始めた。日本には赤化防止と居留民の保護の目的があったが、満州にロシア軍がなおも駐留し続けていたことも大きな理由であった。

日本軍は1万2千人の連合軍を送る協定を結び、8月2日全兵をウラジボストクに送り、ザバイカル方面に2個師団、その後も増兵し、11月に延べ7万3千人を送った。そのためウラジボストクは物騒な街となり、凶暴な強盗殺人も多発し、からゆきさんたちも事件にまきこまれたが、これは日本人虐殺事変につながっていく。ニコラエフスク（尼港）で起きた事変だ。「尼港事変」については『天草海外発展史・下巻』（※19）に詳しく書かれている。

ニコラエフスクはロシア極東部にあり、アムール河（黒竜江）が河口部に流入する地点から、80Km上流に位置し、ハバロフスクから北東へ977Km離れた町で、明治半ばより島原の土黒村出身、島田元太郎が島田商会を設けている。9年後に天草人夫婦が若い女を連れてきて貸し座敷業を始め、その後天草人が多く住んでいた。

日本海軍の陸戦隊が1918年（大正7）9月、ニコラエフスクの町を無血占拠し、無線電信局を開設した。陸軍も居留民保護の名目で、二個中隊を派遣し白露軍と共に防衛にあたった。赤軍パルチザンの反撃は必至で、1920年（大正9）1月25日無線局への集中砲火が始まったのだ。

ついに1920年（大正9）3月12日の夜から5月にかけて、ニコラエフスクで赤軍パルチザンによる大規模な住民虐殺事件が起きた。尼港事変とよばれ、日本人の死者は7百人以上（天草人110人）とある。『天草海外発展史・下巻』にロシア学者八杉貞利氏の日記『ろしあ路』からの引用として、当時の様子が書かれている。

〈尼港事件の市街戦に際して、戦火の中を逃げまどいながら、中国砲艦に救いを求めて駈け出したカラユキさんの一群があった。ところがどうしたことか、その砲艦からの回答は機銃の乱射であった。彼女たちは桟橋の上で血に染まり、折重なって死んでいった。中国砲艦がなぜ不法射撃を行ったのか、その理由は不明である〉

からゆきさんの悲劇としか言いようがない。尼港事変による民間人の犠牲者3百人の内、天草出身の殉難者110人、その3分の2が天草市五和町の出身だった。そのため五和町にある東明寺の境内に慰霊碑が建てられ、今なお毎年3月12日に慰霊祭が行われている。

このとき、シベリア在住民たちは、長春、浦塩、満州里へ避難、満州里からハルビンへと避難した。「東洋日の出新聞」に当時の様子がみえる。
　1920年（大正9）3月28日
◎ハルビン電報　在留邦人避難　在留邦人数十名に過激派軍襲来
同年4月1日
◎物騒な浦塩、強盗殺人頻々。日本守備隊二個中隊と海軍約180名が出動。
同年　10月12日
◎在留邦人全員尼港撤退
同年　10月16日
◎ハルビン市民、続々引揚げ中
同年　10月21日
◎引揚終了
　ハバロフスク在留邦人1千468名（内浦塩行き　896名、ニコリスク行き　612名）は、18、19日両日にわたり引揚げる。車両の配給なども全て手配済み。ハ府（ハバロフスク）在留邦人引揚終了。領事は館員と共に16日午後11時、浦塩に向かった。（要旨）

１９１８〜１９２２年（大正７〜11）にかけ日本軍はシベリアに駐留したが、他の連合軍は出兵の意味を失い相次いで撤退、北満州からも各国が撤退していた。そのため日本軍も１９２２年10月25日をもって撤兵完了声明をだした。日本軍撤兵にウラジボストク居留民は恐慌をきたし、生命、財産の保護を決議し政府に送るなどしたが、大半は引揚げるしかなかった。その時の様子も「東洋日の出新聞」にみえる。日を追って要旨で記す。

１９２２年（大正11）８月16日

シベリアよりの避難民、ハルビンに押し寄せる。シベリア撤兵声明と共に、在留浦塩邦人、北満各地に避難。ハルビンは３千２百名内外の在留邦人がにわかに４千人以上に増加。

同年　８月29日

第一回の浦塩引揚民約５６０名、その中の７割は娘子軍だが、埠頭では万歳も叫ばれず、悲しい別れとなる。スバスカヤ、ニコリスク、その他の地方から引揚げた者も浦塩着後、空兵舎に収容されていたが、27日御用船台中丸で内地に向け出発した。立花軍司令官、松本総領事、在留官民の主なる者が見送った。

同年　10月25日（門司電話より）

浦塩避難民　720名（内男393名　女327名）大半は醜業婦。家財道具、手荷持　2千2百個。16名の露国人は司祭や白軍少将で、御用船和歌浦丸で24日午前10時半に門司へ。

避難民の6割は内地までの旅費もなく、我が領事館より貸与され、懐中無一物で、門司水上署から郷里までの旅費を貸与された者2名。女の内3分の2は醜業婦。夕刻漸く上陸して税関を通過すると、宿に泊まる者、行李と共に停車場に寝る者もあり、多くは熊本、長崎，大分、福岡各県の者だ。司祭は東京へ、白軍の将校たちは殆ど長崎から上海に亡命するはず。

同年　10月27日

浦塩派遣軍立花大将以下司令部は台北丸で、第八師団司令部は御用船十数隻に分乗して、25日正午浦塩を出発。

このように、日本軍のシベリア撤兵となると、居留民も帰国するしかなかった。何年もかけて築いた活計の場もたちまち消えてしまう、居留民の姿があった。

第5章

密航者数と故郷への送金額

いまの元船町から東側の坂上を見た光景

日本政府の見解

１８７２年（明治５）10月2日、横浜港入港のペルー船籍マリア・ルーズ号に、ペルーの鉱山で働くために乗船していた２３１名の中国人苦力（クリー）が、イギリス国籍の船に苦役からの解放と契約解除を訴えたのだ。

日本で裁判が行われ、日本は人道主義のもと中国人を清国に引き渡すよう判示し、ペルー側は日本の娼妓も同じだと反論した。そのため急遽「芸娼妓解放令」を発布した。このことで各府県は遊女屋を「貸し座敷」と改め、免許を与え娼妓に座敷を貸すことを認めたのだが、日本政府の考えが変わったわけでなく、呼び方が変わっただけで、それまでと何も変わらなかった。

１９００年（明治33）10月に内務省令第44号をもって「娼妓取締規則」が施行され、娼妓の自由廃業が認められ廃業者も増えた。この規則により年齢制限18歳、同時に警察が管理する娼妓名簿への登録と、性病検査の定期的受診を娼妓たちに義務づけた。つまり公娼制の復活であり、娼妓を公娼と私娼に分けて日本の警察が管理したのだ。

さらに国際連盟から提案された「婦人及児童ノ売買禁止ニ関スル国際条約」にも、

日本は1904年（明治37）、1910年（明治43）と加盟しなかった。1921年（大正10）に加盟を求められ、それについての考えが「東洋日の出新聞」に載っている。

1921年（大正10）　8月13日

〈◎拾萬芸娼妓重大問題　国際労働会議で女子供売賣禁止提案

若《も》し日本が此条約に加盟したらドウなる

社会局書記官の弁

「個人の売買条約は一九〇四年、一九一〇年の二回結ばれたが、日本は今日迄加盟していない」

衛生局長

「芸娼妓が果して婦人の人身売買であるかどうか、研究してみなければわからない。衛生上より見て禁止が良い結果をあげるかどうかは疑問である」〉

同8月23日に至り

〈「其主旨には賛成であるが、国情を異にする理由で之に加入せざる事に決定、両三日中に外務省の手を経て、同会議列席中の山岡氏の手許迄電送する由」〉

※現時の列強中の列強　米・英・仏・ソビエトは加盟していなかった。

日本政府は「国情を異にする理由」として公娼制度維持と標準年齢18歳を主張したのだが、ついに1925年（大正14）「女性児童売買禁止条約」批准書を寄託した。しかし日本は清国、朝鮮を適用除外していた。

適用除外地は台湾、朝鮮、関東州など、国内と同じ公娼制が認められる地域だったため、故郷への送金のために外地で働かなければならないからゆきさんは、満州などに向かったのだ。

日本は第二次世界大戦の敗戦で、1946年（昭和21）GHQの要請を受け、日本娼妓取締規則を廃止、私娼が接待所で売春営業することを認めた。

さらに10年後の1956年、やっと売春防止法が可決、制定された。

『長崎県警察統計書』にみる

海外密航者数と密航諭止者数など　表とグラフ

長崎県警察部も外務省訓令第一号や、シンガポール領事からの警告を受け、密航誘拐婦女の多さと、女衒の跋扈《ばっこ》に事態の重大さを思い、1893年（明治26）から

「海外密航者」の実態を調べ始めている。その記録は図書館で閲覧可能だが、それ以前で目にすることのできた資料は、1882年（明治15）の『長崎県治統計書』と、1886年（明治19）からの『長崎県警察統計表』であり、1893年（明治26）に『長崎県警察統計表』が『長崎県警察統計書』に改められ、「海外密航者」の項目が設けられている。

さらに、1921年（大正10）に『長崎県警察統計書』は、『長崎県統計書』と改められ、「海外密航者」の項目はこの年で終わっている。それは、からゆきさんの密航はひとまず終息を迎えたものとみていいだろう。

以後は「海外渡航者」として『長崎県統計書』の第4編（警察・保安・衛生・行刑）のうちの警察・第二保安に記載され、1922年（大正11）からは、移民や非移民の「渡航者府県別及渡航地」、さらに翌年からは「本県外国在留人員並在留者送金額調」も表にされている。明治の末からのハワイやフィリピンなどへの移民が増え、その記録に移ったものだ。

まず「海外密航者」の項が設けられる以前の記録をみてみたい。

『長崎県治統計表』（1882年・明治15）

海外旅券の発行数　清国上海　男72人　女１１４人
　朝鮮釜山　男２０２人　女98人
　露領浦塩　男１０２人　女１３２人
上海、浦塩に女の旅券取得者が男より多いのがわかる。

『長崎県警察統計表』
１８８６年（明治19）
内外交渉事件　人身を買受ける者　清国　３人
１８８９年（明治22）
国内　20歳未満の幼者を他人に交付した者　２人
　20歳未満の幼者を誘拐して外国人に交付した者　７人
外国汽船関渉
　密航婦取締りのため船舶の検査を受けた汽船　計46隻
（英国汽船　28　ドイツ　16　ノルウエー　１　朝鮮　１）
１８９０年（明治23）

国内　20歳未満の幼者を他人に交付した者　16人
　20歳未満の幼者を誘拐して外国人に交付した者　1人
外国汽船関渉
　密航婦取締りのため船舶の検査を受けた汽船　計53隻
　（英国汽船32　ドイツ15　ロシア2　朝鮮1　ノルウエー　3）
1891年（明治24）
国内　20歳未満の幼者を他人に交付した者　18人
外国汽船関渉
　密航婦・密売淫取調べのため船内を捜査された汽船　計202隻
　（英国汽船119　ドイツ49　ロシア11　米国10　清国1
　オーストリ　1　朝鮮2　ノルウエー　8　イタリー　1）
1892年（明治25）
国内　20歳未満の幼者を他人に交付した者　18人
　20歳未満の幼者を誘拐して外国人に交付した者　2人
外国汽船関渉

外国行船舶内密航者の有無を取調べられた汽船　計１０６隻
（米国汽船　59　ドイツ　42　ノルウエー　５）

年々増える外国汽船関渉による密航に、警察も実態調査にのり出し、『長崎県警察統計書』に「海外密航者」の項目を設け、県内の全警察署・分署で「海外密航者の男女年齢別数、目的、本籍県名、海外所在地名」と「海外密航を諭止された者の男女年齢別数、目的、本籍県名、目的地」を調査し集計した。

１８９３年（明治26）に設けられた「海外密航者」の項目は、１９２１年（大正10）までの29年間にわたった。

まず『長崎県警察統計書』にみる海外密航者数と密航諭止者数の年度別表と、それぞれの長崎県人数と次に多い熊本県人数、20歳未満の女子の数と、20歳以上の女子の数を表とグラフにしてみた。

表　(1)～(3)とグラフＡＢ

「長崎県警察統計書」より（1）

西暦 年 （元号）	海外密航者（人）			海外密航諭止者（人）		
	合計	20歳未満	20歳以上	合計	20歳未満	20歳以上
1893 （M26） M：明治	110 (長崎 57 熊本 38)	67 (男 6 女 61)	43 (男 18 女 25)	136 (長崎 111 熊本 7)	77 (男 4 女 73)	59 (男 22 女 37)
1894 （M27）	121 (長崎 120 熊本 1)	36 (男 0 女 36)	85 (男 13 女 72)	316 (長崎 219 熊本 48)	123 (男 4 女 119)	193 (男 74 女 119)
1895 （M28）	11 (長崎 9 熊本 2)	6 (男 1 女 5)	5 (男 2 女 3)	522 (長崎 309 熊本 132)	231 (男 14 女 217)	291 (男 156 女 135)
1896 （M29）	34 (長崎 24 熊本 4)	12 (男 1 女 11)	22 (男 10 女 12)	470 (長崎 302 熊本 104)	222 (男 4 女 218)	248 (男 133 女 115)
1897（M30）（欠）						
1898 （M31）	9 (長崎 3 不明 6)	5 (男 0 女 5)	4 (男 4 女 0)	140 (長崎 97 熊本 33)	62 (男 0 女 62)	78 (男 41 女 37)
1899 （M32）	16 (長崎 15 熊本 0)	13 (男 0 女 13)	3 (男 1 女 2)	112 (長崎 70 熊本 16)	69 (男 11 女 58)	43 (男 16 女 27)
1900 （M33）	14 (長崎 8 熊本 4)	12 (男 0 女 12)	2 (男 1 女 1)	220 (長崎 144 熊本 36)	81 (男 2 女 79)	139 (男 45 女 94)
1901 （M34）	47 (長崎 25 熊本 20)	20 (男 0 女 20)	27 (男 10 女 17)	305 (長崎 202 熊本 48)	134 (男 6 女 128)	171 (男 84 女 87)
1902 （M35）	44 (長崎 27 熊本 6)			335 (長崎 195 熊本 63)		
1903 （M36）	31	10 (男 0 女 10)	21 (男 15 女 6)	334	173 (男 2 女 171)	161 (男 48 女 113)

「長崎県警察統計書」より (2)

但〔　〕は「東洋日の出新聞」によるもの

西暦 年 (元号)	海外密航者（人）			海外密航諭止者（人）		
	合　計	20歳未満	20歳以上	合　計	20歳未満	20歳以上
1904 (M37)	8 〔男 40 計 女104 144〕		8 (男　8)	333	164 (男 23 女 141)	169 (男 17 女 152)
1905 (M38)	4 〔男 8 計 女80 88〕	3 (男 0 女 3)	1 (男　1)	351	209 (女 209)	142 (男 41 女 101)
1906 (M39)	〔男 16 計 女 88 104〕			231	131 (男 6 女125)	100 (男 13 女 87)
1907 (M40)	159 〔男 0 計 女 66 66〕	48 (男 10 女 38)	111 (男 29 女 82)	165	114 (男 6 女108)	51 (男 5 女 46)
1908 (M41)	40	14 (女 14)	26 (男 6 女 20)	167	114 (男 3 女111)	53 (男 17 女 36)
1909 (M42)	68	14 (男 1 女 13)	54 (男 10 女 44)	102	65 (女 65)	37 (男 8 女 29)
1910 (M43)	22 (長崎 22)	14 (男 2 女 12)	8 (男 3 女 5)	60	31 (男 7 女 24)	29 (男 14 女 15)
1911 (M44)	5 (長崎 5)	3 (女 3)	2 (男 2)	24	12 (男 1 女 11)	12 (男 5 女 7)
1912 (M45 T元) T:大正	36 (長崎 36)	9 (男 3 女 6)	27 (男 7 女 20)	50 (長崎 30 熊本 10)	31 (男 7 女 24)	19 (男 8 女 11)
1913 (T2)	47	7 (女 7)	40 (男 11 女 29)	43	19 (男 4 女 15)	24 (男 6 女 18)

「長崎県警察統計書」より (3)

西暦 年（元号）	海外密航者（人）			海外密航諭止者（人）		
	合　計	20歳未満	20歳以上	合　計	20歳未満	20歳以上
1914（T3）	17（長崎 17）	2（男 1 女 1）	15（男 6 女 9）	25（長崎 23 熊本 2）	19（女 19）	6（男 2 女 4）
1915（T4）	20（長崎 20）	1（男 1）	19（男 6 女 13）	1（長崎 1）		1（女 1）
1916（T5）	28	10（男 3 女 7）	18（男 8 女 10）	47	18（男 13 女 5）	29（男 24 女 5）
1917（T6）	19	7（男 3 女 4）	12（男 3 女 9）	59	17（男 4 女 13）	42（男 30 女 12）
1918（T7）	7（長崎 7）	5（男 2 女 3）	2（女 2）	14（長崎 6 熊本 8）	4（男 1 女 3）	10（男 2 女 8）
1919（T8）	8	4（女 4）	4（男 1 女 3）			
1920（T9）	3（長崎 3）	1（女 1）	2（女 2）	9（長崎 1）	2（男 1 女 1）	7（男 5 女 2）
1921（T10）	4（長崎 4）	0	4（女 4）	2（長崎 1）	1（女 1）	1（男 1）

「長崎県警察統計書」による海外密航者数のグラフＡ

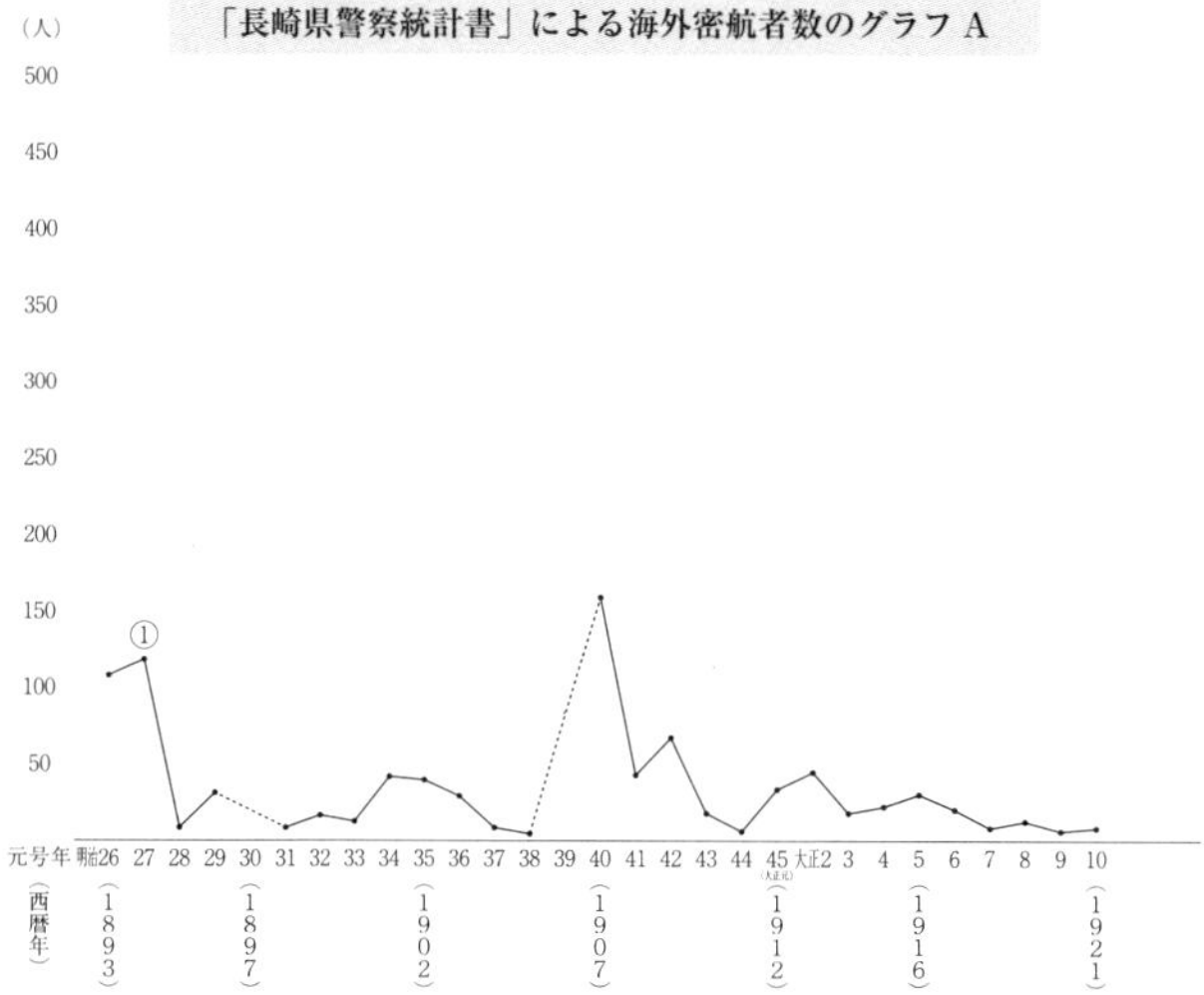

「長崎県警察統計書」による海外密航諭止者数のグラフＢ

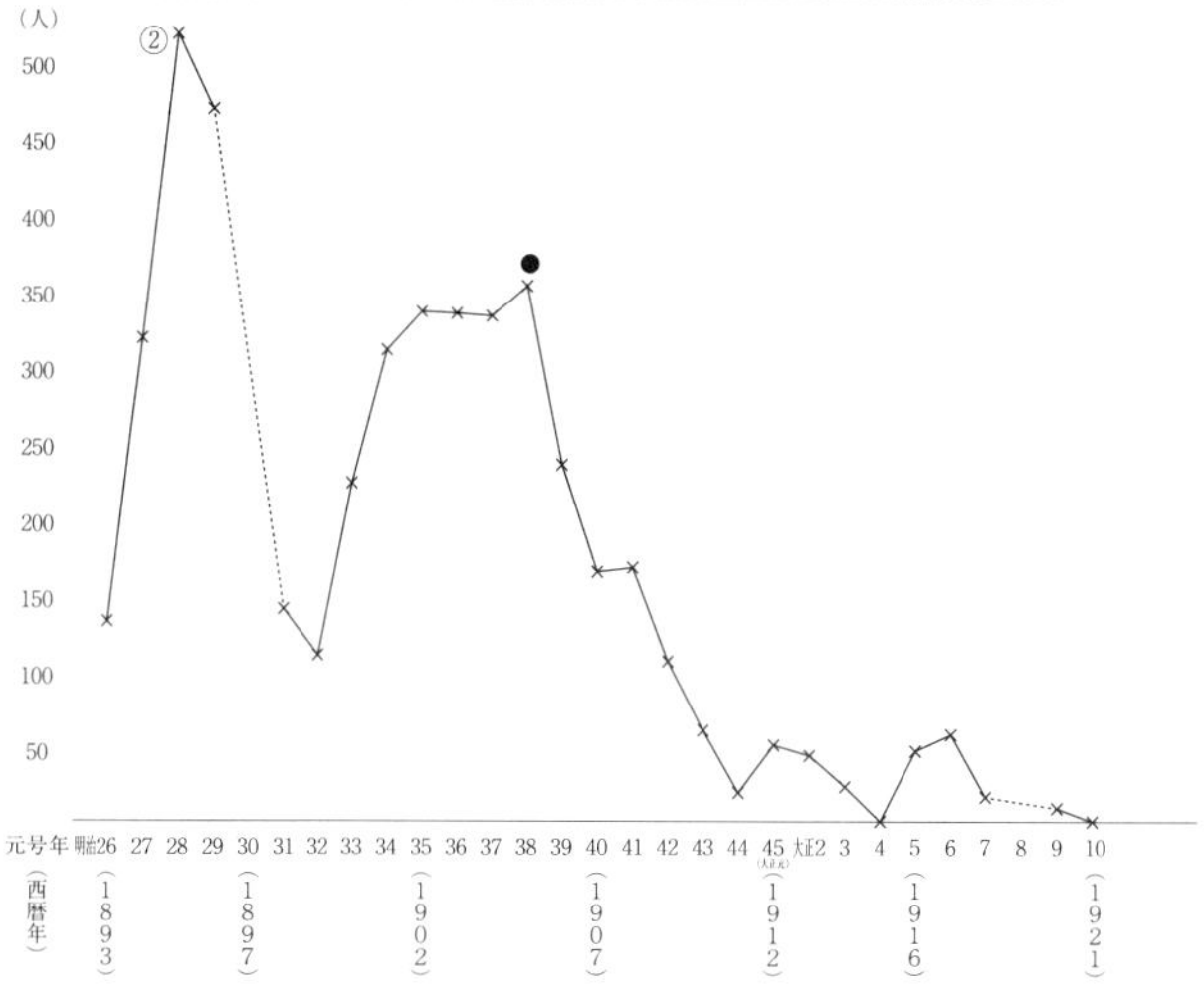

グラフには3つのピークがみえる。

①　1893年～1896年（明治26～29）

②●　1904年～1905年（明治37～38）

これらは日清戦争と日露戦争の時期に重なっている。この統計は長崎県警察署・分署によるもので、長崎県と熊本県（天草郡）の人々が多く、他県は少ない。

グラフA、Bを見ると、

①に関しては、4年間で密航できた者276人中、長崎210人、熊本45人と両者で計255人と、92％の割合であり、その内20歳未満の女子は、113人、20歳以上の女子は112人、計225人で、82％が女子であった。

②の密航できなかった者は、4年間で1千444人中、長崎941人、熊本291人　計1千232人で両者で85％の割合になり、その内20歳未満の女子は627人、20歳以上の女子は406人、計1千033人で、72％になる。

●は日露戦争と同時期なのだが、密航者の数は「東洋日の出新聞」に掲載の数とあまりにも違うために、使用できない。

密航できなかった者は684人中、20歳未満女子350人、20歳以上女子253人計６０３人で88％が女子だ。

いずれも女子の数が異常に多いので、海外密航婦の積み出しであるといえる。

また、１９０８年（明治41）以降はどちらも減少する。これは海外移民の募集などによるもので、応募すれば海外に出稼ぎにいけるからだと思われる。

※「東洋日の出新聞」１９０８年（明治41）8月10日の記事に、5か年間の密航者数として
明治37年　男40人　女１０４人　計１４４人　明治38年　男8人　女80人　計88人
明治39年　男16人　女88人　計１０４人　明治40年　男0人　女66人　計66人
明治41年（6月迄）男40人　女78人　計１１８人

これは『長崎県警察統計書』と大きく違っている。

国際協力事業団の『海外移住統計』（※5）によると、１８６８年（明治元）～１８９７年（明治30）の出移民数は、長崎県1万1千２８７人、熊本県9千１８６人であるのに、１８９９年（明治32）～１９１１年（明治44）の移住者数は、長崎県6千８７２人、熊本県2万5千４９２人と、熊本県が長崎県の約4倍の移民を出している。熊本県は１８８５年（明治18）にハワイ移民を出し、１９０６年（明治39）南米ペルー移民を開始した。１９０４年（明治37）～１９０６年（明治39）の出移民数は、

長崎県1千146人、熊本県6千784人と、熊本県が長崎県の6倍だ。

海外移民に積極的な熊本県と、そこまでない長崎県の県民性の違いは、明治から護《ゴ》謨《ム》栽培を始め、マレーに画期的な護謨ブームをおこした天草出身の笠田直吉のような先駆者がいたことにも表われている。

「東洋日の出新聞」『長崎県統計書』にみる故郷への送金額　表とグラフ

今回、資料として数字が見えたのは、筆者の力不足から、1911年（明治44）から1925年（大正14）までの15年間であった。途中資料の不備の年もあるが、「東洋日の出新聞」と『長崎県統計書』から拾える長崎県人の送金額と送金者数、記載があれば送金者男女別数と非送金者男女別数を書き抜き表とグラフにした。さらに海外の地域別の送金額も表にしてみた。

海外在留長崎県人による送金額　表　その1、その2　と　グラフC

海外在留長崎県人による送金額（その１）

M:明治 T:大正 S:昭和

西暦 年（元号）	送金額(円)	送金人数(人)	非送金人数	「東洋日の出新聞」「長崎県統計書」の記載日
1910（M43）	60万(?)			「東」M45・2・25
1911（M44）	385,423			〃
1912（M45 T元）	325,016	男 703 女 1,118 計 1,821	男 682 女 1,204 計 1,886	「東」T2・3・11
1913（T2）	266,967	1,710	1,578	「東」T3・2・22
1914（T3）	（不　明）			
1915（T4）	261,286	1,679		「東」T5・2・25
1916（T5）	232,567			「東」T7・3・27
1917（T6）	310,885	男 879 女 1,288 計 2,167		「東」T8・3・11
1918（T7）	421,322	男 889 女 1,143 計 2,032	2,972	〃
1919（T8）	656,404	男 929 女 1,181 計 2,110	男 1,349 女 1,626 計 2,975	「長」S4、第4、112
	内露領及其領内 124,335	男 563 女 593 計 1,156		「東」T9・4・8
1920（T9）	463,393	男 845 女 1,018 計 1,863	男 1,256 女 1,436 計 2,692	「長」S4、第4、112

海外在留長崎県人による送金額（その 2）

M:明治 T:大正 S:昭和

西暦 年（元号）	送金額(円)	送金人数(人)	非送金人数	「東洋日の出新聞」「長崎県統計書」の記載日
1921（T10）	376,855	男 832 女 1,057 計 1,889	男 1,013 女 1,362 計 2,375	「東」T11・4・1
1922（T11）	497,306	男 690 女 881 計 1,571	男 1,171 女 1,425 計 2,596	「東」T12・2・18
1923（T12）	224,982	男 676 女 813 計 1,489	男 886 女 1,079 計 1,965	「東」T13・3・31 「長」T12、第二保安、174 表
1924（T13）	211,801	男 473 女 598 計 1,071	男 1,116 女 1,315 計 2,431	「長」T13、第二保安、174 表
1925（T14）	260,597	男 736 女 827 計 1,563	男 1,122 女 1,149 計 2,271	「長」T14、第二保安、183 表

海外在留長崎県人による送金額　グラフC

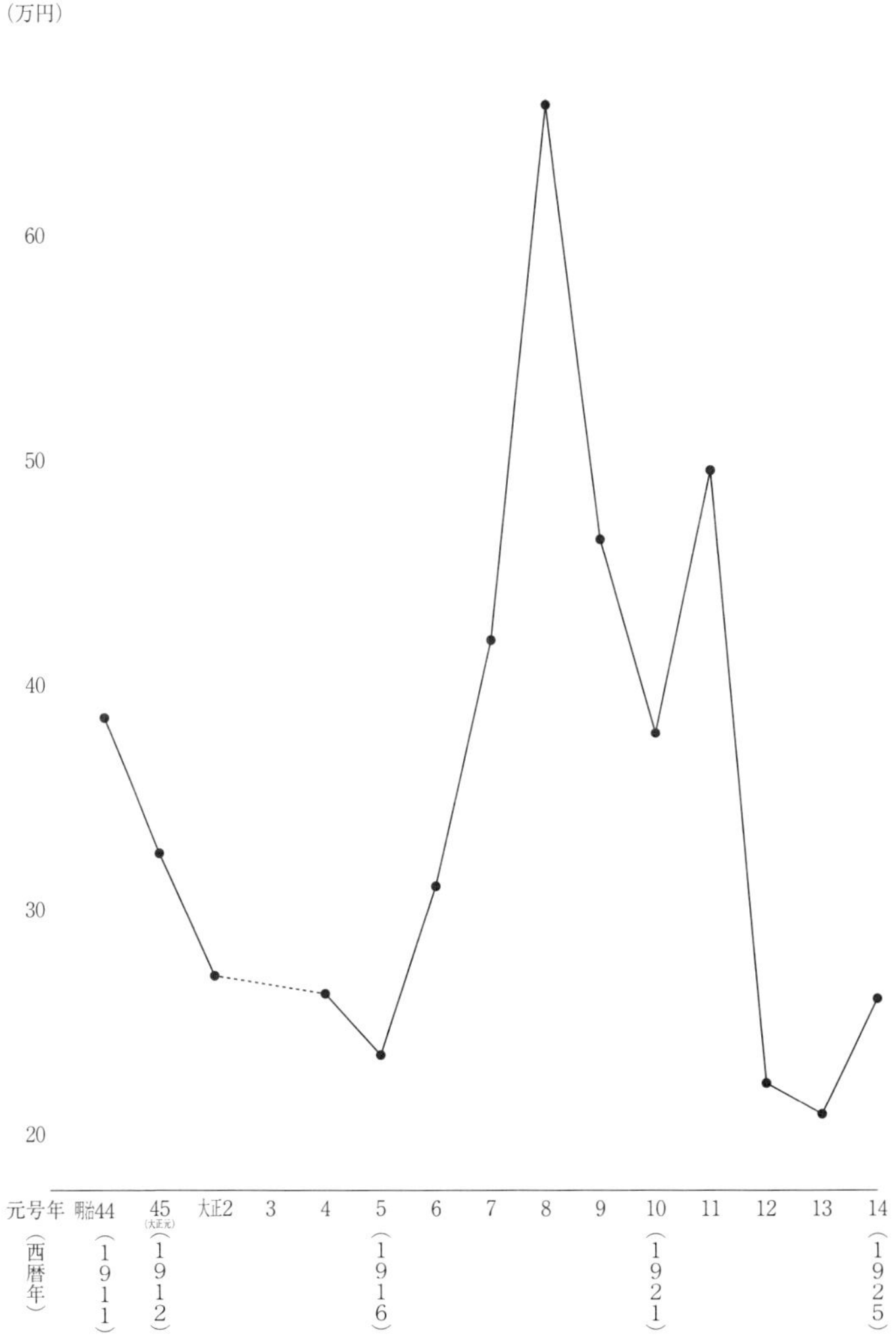

海外在留長崎県人による地域別送金額（その3）

M:明治 T:大正　　送金額（円）（送金者）人　〈非送金者〉人

西暦　年 （元号）	ウラジボストク	ニコリスク	ハバロフスク	支那 (中国)	英領 シンガポール	英領 香港
1911 （M44）	24,585 (送金者635人)	18,725 （　52）	37,412 （　46）	43,136 （1,091）	260,175 （ 278）	7,009 （ 138）
1915 （T4）	23,514			31,535	24,742	8,713
1917 （T6）	30,831 （ 819）			51,673 （1,345）	36,052 （ 500）	
1918 （T7）	70,164 (男139、女180)	14,982 (男 14、女 14)	19,150 (男 40、女 42)	28,977 (男 13、女262)	48,948 (男 73、女156)	6,253 (男 18、女 30)
1919 （T8）	82,000 (男400、女380)	17,714 (男 24、女 24)	23,619 (男 54、女 74)			
1921 （T10）	48,532 (男148、女154) 〈非送者338〉	19,420 (男 18、女 11) 〈非送者 30〉		75,203 (男227、女300) 〈非送者681〉	33,318 (男 55、女 99) 〈非送者 88〉	40,366 (男 25、女 32) 〈非送者 55〉
1922 （T11）	72,725 （ 233）			57,886 （ 488）		21,200
1923 （T12）	14,380 (男 56、女 60) 〈男 71、女 85〉	420 (男 7、女 8) 〈男 5、女 12〉	1,060 (男 3、女 4) 〈男 13、女 8〉	39,710 (男199、女278) 〈男266、女333〉	10,397 (男 50、女 77) 〈男 60、女111〉	24,832 (男 23、女 22) 〈男 34、女 39〉
1924 （T13）	5,447 (男 22、女 29) 〈男 63、女 80〉	2,800 (男 2、女 1) 〈男 16、女 22〉	370 (男 1、女 2) 〈男 5、女 4〉	30,871 (男156、女227) 〈男298、女428〉	42,080 (男 47、女 71) 〈男 79、女115〉	7,146 (男 22、女 36) 〈男 38、女 49〉
1925 （T14）	6,557 (男 31、女 35) 〈男 58、女 70〉	4,775 (男 15、女 17) 〈男 26、女 24〉		51,807 (男288、女289) 〈男295、女249〉	59,964 (男 54、女101) 〈男 72、女106〉	7,802 (男 29、女 65) 〈男 44、女 54〉

海外在留長崎県人による地域別送金額（その4）

M:明治 T:大正　　送金額（円）（送金者）人　〈非送金者〉人

<table>
<tr><th>西暦　年
（元号）</th><th>米領
フィリピン</th><th>英領
マレー半島</th><th>蘭領
スマトラ</th><th>蘭領
ボルネオ</th><th>英領
ボルネオ</th><th>英領
ペナン</th></tr>
<tr><td>1911
（M44）</td><td>22,524
（ 159）</td><td>13,867
（ 139）</td><td>12,429
（ 119）</td><td>3,020
（ 13）</td><td>830
（ 31）</td><td>1,110
（ 25）</td></tr>
<tr><td>1915
（T4）</td><td>18,093</td><td>14,527</td><td>23,177</td><td colspan="2">5,155</td><td></td></tr>
<tr><td>1917
（T6）</td><td>24,457
（ 283）</td><td>32,970
（ 381）</td><td>14,982
（ 222）</td><td></td><td></td><td></td></tr>
<tr><td>1918
（T7）</td><td>36,785
（男 56、女 47）</td><td>26,762
（男 52、女 86）</td><td>18,214
（男 24、女 69）</td><td>11,620
（男 14、女 22）</td><td>16,495
（男 8、女 17）</td><td>4,995
（男 12、女 19）</td></tr>
<tr><td>1919
（T8）</td><td></td><td></td><td></td><td></td><td></td><td></td></tr>
<tr><td>1921
（T10）</td><td>31,480
（男 54、女 80）
〈 125〉</td><td>14,733
（男 32、女 60）
〈 143〉</td><td>?
（男 20、女 34）
〈 88〉</td><td colspan="2">15,850</td><td></td></tr>
<tr><td>1922
（T11）</td><td>18,972
（ 128）</td><td></td><td></td><td></td><td></td><td></td></tr>
<tr><td>1923
（T12）</td><td>11,082
（男 67、女 54）
〈男 72、女 59〉</td><td>28,101
（男 46、女 54）
〈男 51、女100〉</td><td>6,435
（男 13、女 35）
〈男 27、女 50〉</td><td>14,230
（男 6、女 15）
〈男 7、女 12〉</td><td>2,070
（男 5、女 7）
〈男 8、女 13〉</td><td>1,330
（男 6、女 12）
〈男 8、女 14〉</td></tr>
<tr><td>1924
（T13）</td><td>15,714
（男 37、女 26）
〈男 81、女 61〉</td><td>20,560
（男 26、女 47）
〈男 74、女107〉</td><td>6,550
（男 14、女 26）
〈男 37、女 65〉</td><td>10,611
（男 5、女 10）
〈男 11、女 19〉</td><td>3,187
（男 4、女 6）
〈男 15、女 18〉</td><td>1,348
（男 2、女 5）
〈男 5、女 15〉</td></tr>
<tr><td>1925
（T14）</td><td>16,325
（男 57、女 36）
〈男 91、女 66〉</td><td>15,497
（男 39、女 52）
〈男 95、女 88〉</td><td>8,710
（男 15、女 39）
〈男 25、女 61〉</td><td>12,460
（男 14、女 6）
〈男 11、女 9〉</td><td>2,450
（男 6、女 11）
〈男 12、女 13〉</td><td>1,290
（男 9、女 11）
〈男 0、女 10〉</td></tr>
</table>

海外在留長崎県人による地域別送金額（その5）

M:明治 T:大正　送金額（円）（送金者）人 〈非送金者〉人

西暦 年 （元号）	英領 インド	北アメリカ合衆国
1911 （M44）	17,834 （ 231）	37,322 （ 209）
1915 （T4）	30,857	32,572
1917 （T6）	? （ 142）	28,815
1918 （T7）	11,507 （男 18、女 32）	30,523 （男135、女 29）
1919 （T8）		
1921 （T10）		33,417 （男 86、女 42） < 143 >
1922 （T11）		100,867 （ 81） < 149 >
1923 （T12）	16,210 （男 26、女 40） <男 31、女 62 >	14,826 （ 103） < 155 >
1924 （T13）	8,021 （男 13、女 29） <男 36、女 60 >	19,856 （男 52、女 29） <男 93、女 45 >
1925 （T14）	20,436 （男 17、女 31） <男 27、女 45 >	18,574 （男 66、女 40） <男104、女 52 >

送金額についてどれ位のものか、なかなか実感として捉えられないが、参考までに『南洋の五十年』（※2）から抜き書きした。

〈長崎郵便局が取り扱う南洋から彼女らが郷里へ仕送る金だけでも年額二十万円以上に達していたという。その金額に至って、必ず更に幾倍したに相違なく、その大部分を送り出していた島原、天草がために、どれ程うるおされていたかは、今頃話しても本当とは思えない程であった〉

とあるから、彼女らがなにか恐ろしい額を稼いでいたことは、身体がボロボロになり、あるいは精神を病んで長崎港に送還されてきたり、南洋の日本人墓地に若い娘の墓標が多く残されていることからも察せられる。

またグラフCをみると、第一次世界大戦による景気は、1916年（大正5）から1919年（大正8）にかけて、鰻登りの状態で、その後は急落する。

1920年（大正9）正月に、シンガポールで決められた邦人の自発的「廃娼断行」は、まさに日本経済の景気のピークのときに重なり、その勢いを借りて行われたものと思われる。

第6章

からゆきさんのアイデンティティー

長崎港に接岸した外国航路の船（大正時代）

「大連婦人ホーム」の存在

１９０７年（明治40）頃より１９１３年（大正２）にかけて、日本の娘たちが領事館や民政署に駆け込んで、「大連ホーム」に保護されたとか、領事館や民政署が大連港に上陸する女たちを監視し、年端もいかない少女や、誘拐密航で連れて来られた娘たちを「ホーム」に保護したという記事を「東洋日の出新聞」に目にするようになる。

それまでは、切羽詰まったからゆきさんが、近くの日本領事館へ駆け込んで日本へ帰りたいと訴え、それで送還された記事や、途方に暮れているのを領事館に救助され、本人の希望で送還されたという記事などだった。その一例をあげると次のようなものだ。

◎「東洋日の出新聞」１９０９年（明治42）８月１日
海外に８年　悲惨なる長崎女
一昨朝、門司入港の営口丸便にて、清国芝罘《チーフ》駐在本邦領事の手を経て門司水上署に２名の婦人が送られてきた。内一人の事情が載せられている。
長崎市立神出身　ノブ（仮名・23）は、16歳の時女髪結の所より帰宅途中、見知らぬ男から、支那（中国）に行けば金が儲かり綺麗な着物と金の指環も指されると騙され、暫時知らぬ家で6名の女と一緒に潜伏、その後九州で有名な佐賀生まれの親分がやってきて、稲佐から汽船に乗り込み旅順へ（明治35・3・10夜）。そこでハルビンから来ていた日本の女将に売り飛ばされ、ハルビンの遊廓某館で露貨5百円で抱えられるが、親分は金を着服し内地に引き返してしまった。仕方なく露人、支那人を相手に商売をしていたが、日露戦争が勃発し、ハルビン在住の日本人は露国官憲より立退き命令を受け、露国官憲の手で旅順に送られ、一週間ほど牢獄抑留の上放免された。女将はノブを百円で支那人に売りその金で逃げてしまった。ノブは芝罘《チーフ》に連れて行かれ、女房となり牛馬の如く追い使われたため、芝罘駐在の本邦領事館に逃げ込み、保護を願い出たというものだ。（要旨）

シンガポールに華民保護局ができたのは、1888年（明治21）で、支那人の苦力《クリー》と売られてくる支那人の女たちのためだったが、日本からの娘も保護されていた。翌年、日本帝国領事館が開設され、領事館も誘拐されてくる娘たちを保護してくれるようになったが、それは網目からこぼれた一粒でしかなかった。日露戦争後、多くの日本人が居住していた満州大連の関東州には、からゆきさんたちが押しかけ、同時に誘拐密航の少女たちの多くが連れ込まれてきた。そのため1906年（明治39）4月、キリスト教青年会の軍隊慰問事業で満州に滞在中の益富政助たちにより、大連市浪速町に「満州婦人救済会」が設立され、大連港で監視し、上陸する年端もいかない少女や誘拐密航で連れて来られた娘たちを保護した。

それが山室軍平の救世軍に引き継がれ「大連婦人ホーム」となり、多くの誘拐された少女を保護し、行き場のないからゆきさんに救助の手を差し伸べてくれた唯一の拠り所となった。

「東洋日の出新聞」に掲載されている関連記事を要旨で紹介してみる。

◎1907年（明治40）8月31日
誘拐婦人大連で救われる（現時の住所で名前は伏す）
西彼杵郡茂木村1名（22歳）、時津村2名（15・16歳）の娘が、大連に誘拐されて来たところを、同地の水上署の警官に保護され、大連の婦人ホームに収容された。その後誘拐者の女に３人の旅費20円を出させて日本へ送還した。
◎１９１２年（明治45）７月17日（大正元）８月21日
民政署警官に看破され、大連婦人ホームに保護された天草郡の16と18歳の娘と、西浦上村の16歳の娘も無事送還された。
◎１９１３年（大正２）４月17日、５月７日
自分たちで民政署へ保護方願いを出し、大連婦人ホームに収容され、送還された娘たちの中に、16から19歳の従姉妹２人と同じく従姉妹の３人がいた。

北高来郡長田村　従姉妹２名（19歳）は大連に酌婦奉公に手紙で誘われ、本年１月23日大連に渡ったが、酌婦が嫌で願い出たもので、４月15日に汽船安東丸で帰国した。

従姉妹３人は天草郡二江村出身で18から19歳。２、３年前朝鮮に渡り、仁川、京城などで下女奉公中、満州へ踏み出そうと相談、この４月21日に大連に行ったが、心細くなり水上署へ保護願いを出しホームに収容され、５月６日入港の城清丸で送還された。


この従姉妹たちの記事から考えられるのは、彼女たちは血縁として一致団結できたため、冷静な判断から行動できたものだろう。一方、女衒から一人ひとり釣りあげら

れバラ撒かれた娘たちは、たがいの境遇の違いもあり一致団結は難しかったのだろう。他国人の妻や妾になって生き延びる以外、異国に生きる同胞しか頼れる者はいない。ましてや日本政府の手の届かない地方での暮らしを思うと、彼女たちの姿は孤独で哀れというしかない。

ボルネオ島の女傑

北ボルネオ島のサンダカンの丘に日本人墓地を造り、53名の霊に命日毎に花を手向けて老後の快事と心得たという人がいる。

「東洋日の出新聞」1908年（明治41）2月23日「ボルネオ島より（続）」（1月23日　ボルネオ島サンダカン　児玉音松発信）

〈…該市に住するの日本人三十余名、正業家としては伐木の業に当たる佐賀の増田幸一郎氏と長崎の門則雄氏なり。他は例の貸座敷業者のみ。然れどもここに特筆して恥じざるは天草の人、木下く尓《に》という老婆なり（五十三歳）。居ること十八年、日本人の死者をここに見送る五十三名。

氏は女侠客とでもいうのか、日本人にして浮浪の者はことごとく旅費を与え、立志の急を諭してその恩に哭《な》かしめ、或は今を去る十余年前、佐賀の人倉永幸太郎氏及び長崎の人安谷儀三郎氏等が狂奔して、ボルネオ総督に日本人墓地を願い受けしがこれら人々去って後、その儘五、六年打ち捨てありしを、右の老婆は奮然立ちて、曲がりし腰を押し伸ばし、四角八面に奔走して四百の寄付を集め、その余は自身に負担して墓地の開墾を終え、続いて日本流の小さい寺院の如きものを建築し、五十三名の生霊に命日毎に花を手向けて老後の快事と心得、微笑の顔皺に汗の玉を宿して倦まざるは、正に以て多とすべきである〉

異郷の地で命果てた、からゆきさんのために奔走した木下クニは、天草二江村出身の1849年（嘉永2）生まれ。10代のころから横浜に住む鉄道技師であるイギリス人の世話を受け、何不自由なく暮らすが、主人が本国へ帰った後、1889年（明治22）40歳のころ、南洋でカフェ兼女郎屋八番館を経営する。『サンダカン八番娼館』（※11）によると、〈おクニさんは八番館を「女郎屋」ということばを使わず、「カフェー」と呼んで終始していた〉という。当時、58歳位だったのだろうが、老婆とするには若すぎると思うが、このような先人がいて、海外に飛び込む娘たちを待ち受ける土壌があったことも、天草のからゆきさんの大きな特徴の一つだと思われる。自身の墓も造り、１９２８年（昭和３）そこに眠る。

さらに１９２７〜１９３３年（昭和２〜８）に帰国した天草のからゆきさんたちの中には、仏、英、露、スウエーデン、オランダ人の夫とともに洋風の家を建て、晩年を天草で暮らした人たちがいるのも、特徴の一つだろう。

島原の天如塔

島原のからゆきさんのシンボルの一つが島原の天如塔だ。島原鉄道の島鉄本社前で下車、塔なので見えるかと思ったが、高いビルが立ち並び、それらしいものは見えない。ただ進行方向右に新緑の連山が初夏の空にくっきりと見える。あれが大変の時に崩壊した眉山かと思いながら、地元の人に「理性院大師堂」を訊ね、そのまま道路の右側に目を凝らして歩く。

塔はビルや家屋の間から突然現れた。不思議な塔で、一瞬夢かと思うような佇まいだった。八方にワイヤーで補強されていて、薄青いペンキ塗りの塔は、昔の火の見櫓の原型を、メルヘンチックにしたような印象だった。全くの木造で八角形の塔をやや先細りにした上に、展望台が作られていて、低い鉄の手すりはいかにも頼りなさそうだった。塔の高さは約11メートルで、天辺にビルマのラングーンで高僧から贈られたという、大理石で造られた釈迦如来像が安置されている。八葉の蓮華坐の形から八角形なのだ。

この天如塔は、岡山県出身で奇僧と言われた廣田言証師（1852年～1928年）により、1909年（明治42）に大師堂の本堂の裏手すぐの所に建立された。大師堂も師が建てたものだ。師はインド仏跡巡礼の旅に1906年（明治39）12月から2年半かけて出かけ、その往復の途中、東南アジアで亡くなったからゆきさんのために、施餓鬼を営み慰問して歩いた。大師堂の本堂には、その時の師とからゆきさんたちの集合写真も数枚保存されていて、東南アジアの風景をバックに、神妙な顔つきの彼女たちが見える。

島原に縁のある師にとって、からゆきさんは身近な存在であり、放っておけなかったのだろう。施餓鬼を営んでやり、親身に話を聞き、寂しく暮らす彼女たちに心の拠り所を教示してやり、元気に帰ってくるように励ましたのだろう。彼女たちも師に会って施餓鬼を営んでもらえて、どんなに心が軽くなったことかと、感謝し、寄進を申し出たのだろう。

からゆきさんたちから多くの寄進を受けた師は、帰国後すぐに天如塔の建立を思い立ち、天如塔の廻りを石柱の玉垣で囲った。石柱には住所を右肩に、中央に金額と氏名を縦書きにして朱塗りに刻んだ。

玉垣は擦れて読めないものもあるが、大体は読める。名前の肩書には、コウラレホウ（クアラ・ルンプール）、マラッカ、イポー、ピイナン、シンガッポ（シンガポール）、インドカルカタ、阿南トンキン、ハイホン、ツウラン（ダナン）、サイゴン、シャムバンコク、ラングーン、メンミョウなどとあり、、マレーシャ、シンガポール、インドネシア、インド、ベトナム、ミャンマーと東南アジアからのものだ。

女性の名前は数えてみると80名あり、寄進額は5円からで様々だが、個人の寄進だと5円から10円が妥当かと思われ、数えてみると72名あった。これらが、からゆきさんからのものだとすると、個人の寄進額の多少に関係なく、彼女たちが生きた証がここにあると思え、よくぞ玉垣を残してもらったと、嬉しくなり力をもらえた。と同時に廣田師の温かい人柄を思わずにいられなかった。

※当時の5円は5万円〜8万円位と考えると、5円〜10円は5万円〜16万円に相当するのだから、個人の寄進としては高額だ。

からゆきさんのストーリとアイデンティティー

シンガポールを中心に同胞の活躍を産業、風土、風物の多方面にわたり、邦人パイオニアの苦闘や業績を書き留めた『南洋の五十年』（※2）の序で、次のように明言している。

〈娘子軍の南方行、これは立派なストーリである。吾々が南方に延びんとするのは一種の宿命である。故に我々の南進策こそ世界の平和の基調ともなる可きものである〉

さらに編集者の言では「九州地方の冒険女子が相率いて西南に色を売りつつ発展した南方」だ。

多くの戦死者を出した日清戦争、日露戦争に続く政府の南進策は確かに多くの国民から支持され熱望され、日本人が続々とシンガポールをはじめ、南方の地におしかけた。

一方、日清戦争よりずっと前から生計を助けるために、天草や島原の娘たちが海を渡った南方だ。彼女たちは政府から娘子軍とか、九州地方の冒険女子とか呼ばれることも、南方行きの先駆けをつけたなどと言われることも、全く関係なく、「娘子軍の南方行」は詭弁でしかないだろう。

確かに国民の南方熱に煽られ、女衒たちの餌食になったが、貧しくて騙しやすい娘を誘拐し、売買で儲け、金に目が眩んだ女衒たちも、南方熱などに興味もなかったし、女衒（男、女）が貧困に苦しむ家族のために働きたい日本娘を誘拐しても、日本国のために日本娘を誘拐して海外で売買することなど信じられないことだったはずだ。

むしろそれを見逃す政府に、不審とご都合主義を感じただろう。

女の仕事（からゆきさん）が男の出稼ぎと同じだと考えて海外に渡った女性は少ないと思う。とくに14歳～17歳の娘たちは、貸し座敷が何かも知らず、旅館の女中や下働きで働くものだと信じて、同村の娘たちと連れ立って故郷を後にしたはずだ。張り巡らされた女衒の網に掛ったと思うはずもなく、頼りになる村の世話人の口利きならばと、むしろ安心して出かけた。

親族から期待され、彼女たちは奈落に落ちた。そこで食べていけることは嬉しかっただろうし、同郷の女将（おかっしゃま）や同胞たちとの暮らしに心の安らぐこともあっただろうが、何といっても故郷への送金という大義名分が彼女たちを支え、生き甲斐となっていたのだから、その送金を欠かさないことが、外貨を稼ぐお国のストーリのためだとは思いもしなかったはずだ。国のためにからゆきさんになったという娘は一人としていないということだ。

多くの異人に気に入られ、妻や妾として活路を開いたのも、彼女たちの生来のおおらかさ、純情さ、従順さ、強さが気に入られたからだ。主人の死後、遺産が残されていて、該当者の照会が日本に寄せられているのも、数件紙面に見え、彼女たちへの配慮が感じられ心が安らぐ。

稼ぐために外国に渡り、戦争や排日、日貨ボイコットに叩かれ、命からがら逃げ出した次なる外地にも彼女たちの居場所はなかった。大国に揺さぶられる日本国さながら、からゆきさんたちも、自身のアイデンティティーを持つことなく見失ったまま、戦争や追放の波に翻弄されながら、ともかく生き抜いて帰国を果たした。誘拐された密航でも、旅券を取っての出国であっても、お疲れ様でしたと彼女たちを温かく迎えて、苦労話を聞き、生きるために身につけた知恵を、自身の声で堂々と語ってもらいたかったたと思う。

異郷で寂しく亡くなったからゆきさんたちも、故郷の人々でその苦労と寂しさを慰めたいものだ。

多くの抱えからゆきさんを持った心優しいおかっしゃまが、南洋の島々に撒き置かれ、若くして命を落とした娘たちのために墓を建て、供養したのが、本当のストーリかも知れない。

精神病で発狂した女性、全身梅毒に感染し、精神異常をきたした女性、肺疾患の女性が長崎港に送還されてくる。自殺した女性やアヘン中毒で死亡の女性の身元の問い合わせや、疾病で帰国中の船で死亡した女性の身柄引受人探しの依頼などがあり、また、満州で支那服に金の耳輪の邦人女性が、生活苦に1銭2銭と袖乞いする姿など記事は細かく教えてくれる。一方、元気に帰国するからゆきさんの姿もある。

◎得意満面の醜業婦「東洋日の出新聞」1910年（明治43）7月20日

〈一昨日入港のドイツ汽船クライスト号にて、ペナンより便乗した十名の日本婦人の上陸客あり。その風体はいずれも綺羅を飾り、錦繍を纏い、金及びダイヤモンド入りの腕輪、指輪などをはめ、各自大鞄十数個を携帯し、得意気揚揚として上陸。右は主に島原、天草出身の醜業婦にして、中には混血児を引き連れたるもありたり〉

子連れのからゆきさんは外国人と生活を共にした婦人であろう。まだ混血児には住みにくい故郷への帰還は、母としては覚悟のいるものだったが、それ以上に女性には当然の姿でもあった。

各自の大鞄十数個には全財産が詰められていて、十人十色の南方での生活が詰まっているだろう。借金を返し、やっと自分の力で帰還を果たした自信が、晴々とした顔、飾りまくった姿に見えるようだ。からゆきさんが取り戻した、アイデンテイテイーの帰還だと思いたい。

「東洋日の出新聞」の記事を通して、からゆきさんたちの動線と居留地での生活の様子を垣間見ることができる。これは貴重なことだと思う。当時彼女たちは声を持たなかったのでなく、余りにも理不尽な境遇に落とされ、醜業婦という名で括られ、自尊心を傷つけられたまま、声すら出せなかったからだ。

諸外国に対して醜業婦は日本の恥との意味なら、同じ国民として、故郷への送金を続けているからゆきさんたちを、このような切り棄てる名で呼んでもいいものだろうか。家族、親族の気持ちを考えたことがあるのだろうか。醜業婦の呼び名が明治10年から約40年近く使われた事実は、その無神経さに驚くばかりだ。この語を平気で使う文化人も多くいたし、「例の賎業婦」「例の婦人」と「例の」に醜業婦の意味を含ませるやり方も多かった。

この語を彼女たちに被せ、彼女たちを括ったのは誰なのか、そのことに罪と恥を感じなかったのだろうか。その上、彼女たちを輸出して儲けた女衒たちの事は不問に付すというのだろうか。

上海、香港、シンガポールを中心に南方に広がる、からゆきさん周旋ネットワークは、日清戦争以前に出来上がっていた。それに関わる、親分、子分の女衒たちの数は、日露戦争後の１９０７年（明治40）４月の調べで、長崎、島原の大親分を頭に市内、島原、天草を徘徊する者は2百名、手先を入れると5百名だという。圧倒的な女衒の数に、故郷を抜ける娘が後を絶たないのがよくわかる。

日露戦争で居留地を追われ帰国したからゆきさんたちの中には、戦勝と同時にいち速く再渡航した者も多い。大金を手に入れるには、外地しかないことを知っているからだ。からゆきさんたちの逞しい一面でもあり、貧しさから抜けられない女の生き様でもあった。

しかし国力のない日本にとって外地は手強いものだった。

その外地で大国の圧力から逃れたからゆきさんたちは、故郷に帰る者、外地で稼ぐために、満洲や朝鮮などで日本国内と同じ公娼制が認められる地域に居留する者、南方やインドなどの遠方に足を踏み入れる者と道は分かれるが、それぞれの不本意な体験をもとに、自身のアイデンティティーを高めていったからゆきさんだからこそ、他人の人格を尊重し、お金に代えられない自身の今後の人生を、誰よりも慎重に考え、より良く生きようと努めたに違いない。

　領事館の手の届かない北チベットやビルマ（ミヤンマー）、南洋の村々や、一孤島に撒き置かれたからゆきさんたちはどうだろうか。その土地に馴染みながら、彼女たちの人格が軽々しく取り扱われたことへの怒りと、しなやかで、したたかさもある日本女性の心意気を忘れないで、ともかく生き延びてほしいし、必ず見つけ出して故郷に帰ってもらいたいと思う。そのときの彼女たちのアイデンティティーは、日本人には無い素朴な感性を纏い、より強いものになっているだろう。

第7章

「東洋日の出新聞」記事の中から

長崎港大浦海岸の様子（大正時代）

「東洋日の出新聞」記事の中から（女性の名は仮名）

◎「清韓に渡航せよ」の記事について　１９０２年（明治35）３月６日
「当港における密航誘拐者の、近頃割合に少数なるも、亦全くこの誤解に基づく次第なり」とあるのは、記事中の「清韓自由渡航」の誤解なのだが、これは日英同盟の成立にあたり、日本の財政を清韓での商工的企画を発展させ、その所得で補うという意味の自由渡航であって、醜業婦の自由渡航ではないというもの。笑えない記事だ。

◎旅券事件　１９０３年（明治36）11月14日
密航誘拐者と収賄官吏　当局官吏　某（42）某（38）他数名、誘拐者と密会、６百円で旅券を盗み出して渡す。

◎密航婦の逆戻り　１９０４年（明治37）３月29日
熊本県天草郡高濱村　ミツ（16）香港より送還される。10人連れで香港へ密航し領事の知ることになり、９名は遁走、ミツだけ日本郵船若狭丸で神戸に着き、第三崇敬丸で水上署に引致された。

◎洋妾ヤエ発狂す　同年　6月7日

市内のヤエ（19）は英人某に騙され英国へ行く途中、香港のホテルで6百弗で売られ荒稼ぎをさせられ発狂。

◎醜業婦の末路　同年　10月5日

香川県某郡　タエ（22）は叔母の誘いで神戸より香港に渡り醜業婦となったが、全身梅毒に感染、精神に異状を呈し羞恥の振る舞いもあり、ドイツ汽船ジューテン号に便乗して昨日当港に入港、水上署の手を経て市役所に引き渡された。

◎ドイツ郵船甲板上の惨殺美人　1905年（明治38）7月13日

横浜より香港、シンガポール行きの途中、神戸港に寄港したドイツ郵船プリンス・ワルデマー号の甲板上で、本月10日惨殺された美人屍体は解剖の結果全く他殺として、目下加害者嫌疑者として、邦人1名、印度人2名を厳重に取調べ中。被害者は南高来郡島原湊町生れのサト（14）で、密航婦になるのを拒み、上陸を願って声を立て反抗したので絶息させたという。なお同船最上甲板に吊した端艇（ボート）に妙齢の婦人11名が潜伏していた。その内長崎県人は3名で南高来郡島原湊町　タカ（18）、北松浦郡平戸町　ツエ（17）、長崎市内十善寺　キミ（20）。

◎娘持てる親の注意を促す　同年　11月2日

満韓地方が平和になり、景気が良くなると考えて、先頃より頻りと婦女子誘拐を専門とする悪漢が各地を徘徊し、娘、嫁の嫌いなく年頃の女と見れば甘言を弄し連れ出すとのことは、前々から聞き込み、又本紙上にも記載して充分注意を促していたが、近来又々毒手段に陥る婦女多く、所在警察署に対し捜索願いを差し出す者、日に3，4通に達する。

◎誘拐者番頭を手先に使う　同年　11月1日

西彼杵郡茂木村　土佐屋の番頭某（33）は、下女　フミ（20）には不相応の衣類4点と髪の道具、下駄まで新しくして出雲町の丹波屋に連れ込み、上海に行けばこの位の扮装（なり）は常住着の上に、身体は楽だし、甘い物は食べ放題と説得し、嫌なら一物残らず脱いで行けと。フミは飽の浦に渡り、同駐在所に訴え出た。

◎大袈裟なる密航婦　同年　11月26日

ノルウェー汽船ダケイト号に石炭を積込む若松町旭田の胴船に、37名の一群が乗り込み、若松指して逃げ帰ろうとするのを、水上署の船に引致。さらに18名をダケイト号に発見。行き先は香港のようで、55名中県下30名、（南高来郡下18名、長崎市6名）、天草11名。

◎少女の一人旅　1907年（明治40）　3月31日

南高来郡布津村　ワカ（14）、一昨夕韓国及び北清に向けて長崎港を出帆の汽船山東丸に便乗しているのを臨検に発見される。親権者の承諾書を所持せず、16歳未満のため行政処分に。

◎誘拐者の氏名調査　同年　4月17日

市内、島原半島、及び熊本県下天草郡一円を徘徊する者のみ198人、彼等の手先に使嗾《しそう》（指図してそそのかすこと）された者を合わせて5百名以上。

◎少女誘拐者と少女の送還　同年　5月7日、5月9日

浦上立神郷　ヒサ（13）は父親同意の上、西彼杵郡矢上村の女衒某（38）に同道され韓国釜山へ行くはずが、このほど突然、野村ウラジボストク貿易事務官より、ヒサが貸座敷池田方に誘拐されて来ているとの連絡があった。

幼女の事とて保護しているが、送還すべきや否やの照会があり、送還された。

※これにはルートがあり、女衒はヒサを連れて敦賀港に行き、長崎市大浦生れの別の女衒にヒサを渡し、ヒサはウラジボストクの同地朝鮮街の貸座敷業者に売られたというもので、この手はよく使われていた。

◎露領チタの惨風　同年　7月23日

5名の露国強盗が、邦人の女郎屋を襲う。主人夫婦毒刃に斃れ、娼妓5名重傷を負う。被害者7名中5名が長崎県人。夫婦は西彼杵郡茂木村出身。露人はチェルカス

人の犯行。

◎娘五人、虎口を逃れる　１９０８年（明治41）６月17日

渡清すれば一か月15円以上の収入だと、商館の雇女に奉公と欺き、タツ（19）、リツ（18）、キク（16）の３人に15円ずつの手付金、アサ（16）、セキ（17）は渡清の上百円を送金すると欺き、５人を門司に連れて行くという。ところが手付金請取証の証書は、清国、韓国某所の娼妓売渡す約定証であったため差押え中。誘拐者は南高来郡大三東村　女衒某（38）、湊町　女衒某（43）、同　女衒某（31）で、被害者は全員が大三東村出身であった。

※同誘拐者三人によるこの手の事件は４月にもあり、南高来郡三會村の娘４人を欺き清国の芝罘に連れて行き、仲間に叩き売っている。

◎密航誘拐の新手　１９１２年（大正元）12月23日

（南洋　憤慨生　11月25日　マレー半島クワランポ　シンガポール経由）

最近は官憲の注視厳重なるため、やや減少しているのは、外人に対し面目とすると

ころの悪漢共（女郎屋の主人）が、50エークル、100エークルのゴム山を経営しながら、ゴム山に雇い入れたいと領事の証明書を以て本国にて旅券を下げ、渡航後は直に女郎として売り飛ばす新手があり、長崎県より来る婦女盛んとなり、旅券持参で民政庁へ醜業出願の婦女が多い。

◎十年間の退去命令　香港政庁から　1913年（大正2）1月28日

昨年8月熊本県球磨郡人吉町　タエ（20）を連れ出し、香港で売り飛ばそうとした同町のミネ（50）の悪事が、タエが総領事館に駆け込んだことから露見、ミネは懲役3年、10年間の退去（マニラ、香港、シンガポールの10年間の在住禁止）。

◎浦塩娼楼の惨劇　同年　12月10日

ペキンスカヤ街の日本人娼楼が20軒ほど集まった一画で、支那人商店と板一枚隔てた娼楼の主人、天草郡出身　某（32）と、娼妓天草生まれ　イ子（16）、キヨ（18）の3人が、仕立屋の支那人2人に惨殺された。支那人たちは17年間住んでいた商店を、百ルーブルで追い払われたと、怨みから犯行に及んだもの。

◎阿片の密輸　　１９１７年（大正６）11月28日

天草郡某村　シヅ（40）はハバロフスクで阿片を求め、去る10日、露義ベンザ号便でウラジボストクより長崎港に来たが、阿片時価千円位のものを隠し持ち、一昨日郵船筑後丸便にて上海に渡ろうとして取り押さえられた。金の義歯、ダイヤモンド入りの指輪、所持品は甚だ贅沢。常習者らしい。

◎浦塩近音　　１９１８年（大正７）１月29日（この年11月、第一次大戦終結）

〈浦塩碇泊中の英艦は岸壁に横付けされ、日本軍艦は少し沖合に、両国とも水兵を一切上陸させず、夜間は依然物騒を極め、一般人は絶対にピストル、短銃など携帯許されず、露国将校等も肩章を去り、剣をも佩用せず、（略）邦人続々として帰還し、毎船便浦塩より敦賀に渡り、帰郷する者百人を下らず、出帆毎に埠頭は日露戦役の際の引揚混雑を髣髴させるものがある〉

◎海外死亡者の遺産　保管中　１９２１年（大正10）８月12日

本籍身分不明　トメ　明治40年６月２日蘭領スマトラ島ルブクバカンにて死亡（年

齢その他不明)。

◎馬賊3百　1922年(大正11)6月29日(京城28日発)

間島、頭道溝を襲い、日本領事館・分館焼き打ち。市中放火、掠奪、電信、電話線切断される。

※馬賊　清末から中国東北部に横行跋扈《ばっこ》した騎馬の群盗

◎上海芸者罷業　1923年(大正12)1月10日(上海8日発)

妾等《わたしたち》は人間　要求条件5条　決心の対峙戦

上海の日本料亭六三亭の芸妓数名は、抱え主の待遇に不満を抱き、5カ条の要求条件を突きつけ、一流の旅館に引き取って対峙戦を開始、罷業芸妓は人間としての取り扱いを受けるため、及び直接には上海在住の二百名の憐れな芸妓のための犠牲となって、どこまでも戦わねばならぬと、非常な権幕で固い決心をしている。

◎スマトラの遺産　同年　2月17日

西彼杵郡戸町　キヨ（当時25）明治31年3月中、蘭領スマトラに渡り、雇われた旧主人の遺言で、遺産金を贈与とて本県知事に照会があったが、判明せず。

◎漸次、排日気勢濃厚　同年　3月20日（北京18日発）

◎上海の排日　邦人の避難　同年　6月13日

（了）

あとがき

からゆきさんの密航誘拐事件は、百三十年前のこととして忘れ去られてしまったのでしょうか。それとも家内のこととして秘かに閉じられてしまったのでしょうか。もしそこに忘れたい、閉じたいと思う気持ちがあるのでしたら、やはり事実として正視し、事件の解明をするのが本当だと思います。からゆきさんの事件は、むしろ女性が解明しなければならない事件かもしれません。彼女たちの立場は、私たちの世代とあまり変わっていそうにないからです。確かに多くの女性が大学や専門学校で学び、専業主婦が減り、女性が働きに出るのが普通の時代になっています。その一方で、離婚や失業や非正規雇用で経済的に破綻し、貧困に直面する女性も増えています。貧困から、からゆきさん的状況に落ち入るかもしれません。そういう意味でも、からゆきさんの事件の解明は、必要だと思われるのです。解明することはもっと知るということです。残念ながら、からゆきさんたちは何も話してくれません。

どうすれば解明できるのか、その糸口を私は「東洋日の出新聞」に求めました。

明治35年（1902）1月創刊の、まさに密航誘拐事件が日々報道されている新聞です。閲覧できたのは、保管されている大正13年（1924）12月までですが、この事件が頻発した一つの時代をとらえています。その後、明治末期から移民の増加にもより、からゆきさんの密航は大正5年（1916）頃から一気に減り終息に向かいます。

新聞を読んで分かった事は、長崎の或る遊郭に女衒の大親分がいて、同年代の女衒の親分たちと手を組んで、上海、香港、シンガポールを拠点に、東アジア、東南アジアにからゆきさんの再配センターをもち、密航婦を送り出していたことです。貧困家庭の娘が狙われ、彼女たちは自身に掛けられた借金と、郷里への送金で身動きがとれなくなったのです。特に日露戦争後が多かったのです。連日「密航婦」の記事が出ていて、品物のように若い娘を海外で売りさばくなど、正気の沙汰とも思えず、日本はこんな国でいいのかと不安を覚え、若い女性の心に一石を投ずる事件だと思います。

最後になりましたが、出版にあたり多くのご助言とお世話をいただきました編集室の皆様に厚くお礼申し上げます。

参考文献

※1 『からゆきさん・おキクの生涯』大場昇著　明石書店　2001年
※2 『南洋の五十年：シンガポールを中心に同胞活躍』
南洋及日本人社編　章華社発行　1938年
※3 『天草海外発展史・上巻』北野典夫著　葦書房　1985年
※4 「オセアニアにおける日本人移民の歴史と実態、2・フランス領
ニューカレドニアにおける日本人移民」立命館言語文化研究20巻1号
著者石川友紀　2007年
※5 『海外移住統計』国際協力事業団刊行　1993年
※6 『明治史料編　島原半島町村変遷史・第二集要覧』野村義文著
出島文庫　1893年
※7 『明治史料編　第三集　島原、明治年代記（その一）』
「島原聞見閑録より」野村義文著　出島文庫　1893年
※8 『村岡伊平治自伝』南方社刊　1960年
※9 『明治ニュース事典』毎日コミュニケーションズ出版　1983年
※10 『海を越えた艶ごと　日中文化交流秘史』唐権著　新曜社　2005年
※11 『サンダカン八番娼館』山崎朋子著　文藝春秋1975年
※12 『人身売買―海外出稼ぎ女―』森克己著　日本歴史新書　1959年
※13 『娼婦　海外流浪記』宮岡謙二著　三一書房　1968年
※14 『ラグーザお玉自叙伝』木村毅著　恒文社　1980年
※15 『廃娼運動―廓の女性はどう解放されたか』竹村民郎著　中公新書　1982年
※16 『物価の世相100年』岩崎爾郎著　読売新聞社　1982年
※17 『謎の探検家　菅野力夫』若林純著　青弓社　2010年
※18 『対華二十一カ条要求とは何だったのか』奈良岡聰智著
名古屋大学出版会　2015年
※19 『天草海外発展史・下巻』北野典夫著　福岡葦書房　1985年

［著者プロフィール］

未央佐希子（みお　さきこ）

大阪府出身。長崎に住み学習塾を開設、子供の頃からの夢であった寺子屋の先生をやり終える。

著書

『祈る人　隠れキリシタンの娘』（長崎新聞社）

明治の長崎発

「東洋日の出新聞」からみえる

からゆきさん

発行日　２０２０年３月20日　初版発行

著　者　未央　佐希子

発行人　片山　仁志

編集人　堀　憲昭

発行所　株式会社　長崎文献社

長崎市大黒町３丁目１番　長崎交通産業ビル５階

ＴＥＬ０９５（８２３）５２４７　ＦＡＸ０９５（８２３）５２５２

ＨＰ　http://www.e-bunken.com

印刷所　藤木博英社

ISBN978-4-88851-336-4 C0036